《2014 第三届中国中小企业经营管理状况及 30 项关键指标调查报告》

了解趋势，对标差距，向榜样学习！

□ 7 大行业　□ 8 大地区　□ 超 1000 家企业参与
□ 64 大问题　□ 30 项指标及标准

帮您做正确的经营决策

U1075600

调查报告能帮您

- **知大势**
  掌握经济发展趋势，了解中小企业真实的生存状态。
- **立标准**
  30 项企业经营管理必关注的指标，每项指标给出经营管理好、坏的参照值，为企业自检提供标准，帮助企业找到“病灶”。
  指标标准不仅有企业整体，而且分行业。
- **对标差距**
  企业可以对标行业最好和最坏，逐项对比自己和最好的企业在 30 项关键指标上的差距，以便找出提升经营管理水平的方法。
- **向榜样学习**
  企业也可以对标本行业的“五段及以上”企业，从和榜样企业的差距中找到自己提升的方向和计算提升的空间。
- **抓关键**
  知道了差距在哪里和差距大小，如何缩短差距就是相对容易的事情了。
  标准和差距为企业指明成为健康企业 / 更优秀企业的标准和方向，指导企业做出针对性的改进提升对策。

如果您认同本调查报告，认同易中“四周免费试看”的学习方式，希望您能推荐更多朋友共享中小企业“大数据”。推荐方法很简单（微信推荐：扫二维码转发；传真推荐：填订单或附上朋友名片传真）

推荐朋友试看

☑ **我要推荐：**　订单号：38900114

姓名：________　手 机 号：________

职位：________　单位名称：________

邮寄地址：________

分享特惠价 980 元 / 本 ~~（原价 1680 元 / 本）~~

扫二维码，分享给您的朋友

请将此推荐单传真回：010-5875 0707 或拨打订购热线：010-5885 6886

中易浩富（北京）管理咨询有限公司
地址：北京市海淀区花园东路 11 号泰兴大厦 3 层，100191
电话：010-5885 6886　传真：010-5875 0707
网址：www.izhong.com　www.xue24.com

HAUFE. 易中
终生的管理伙伴

这不是一本书！

是一份透析天下大势的“晴雨表”！

是一份诊断企业经营好坏的“体检表”！

HAUFE.易中
终生的管理伙伴

2014 第三届中国中小企业经营管理状况及30项关键指标调查报告

中易浩富（北京）管理咨询有限公司 著

中国财富出版社
CHINA FORTUNE PRESS

图书在版编目（CIP）数据

2014 第三届中国中小企业经营管理状况及 30 项关键指标调查报告 / 中易浩富（北京）管理咨询有限公司著 .—北京：中国财富出版社，2014.7

ISBN 978-7-5047-5271-0

Ⅰ.①2… Ⅱ.①中… Ⅲ.①中小企业—企业经营管理—调查报告—中国—2014 Ⅳ.①F279.243

中国版本图书馆 CIP 数据核字（2014）第 144044 号

策划编辑	范虹轶	**责任印制**	方朋远
责任编辑	范虹轶	**责任校对**	杨小静

出版发行	中国财富出版社		
社　　址	北京市丰台区南四环西路 188 号 5 区 20 楼	**邮政编码**	100070
电　　话	010-52227568（发行部）		010-52227588 转 307（总编室）
	010-68589540（读者服务部）		010-52227588 转 305（质检部）
网　　址	http://www.cfpress.com.cn		
经　　销	新华书店		
印　　刷	北京启恒印刷有限公司		
书　　号	ISBN 978-7-5047-5271-0 / F・2188		
开　　本	889mm × 1194mm　1/16	**版　　次**	2014 年 7 月第 1 版
印　　张	17.25	**印　　次**	2014 年 7 月第 1 版印刷
字　　数	338 千字	**定　　价**	1680.00 元

序言 风小的时候，是养猪的时候

宋新宇博士

- 1999 年创建易中公司至今，任董事长，“易中老板俱乐部”首席导师。
- 近 10 万民营企业老板客户赞他是最懂得、最专注服务于中国民营企业的战略及管理专家；他传授的“真知”被老板们认为是“最实用的干货，越琢磨和使用越领会其价值巨大”。
- 帮助上万家中小企业从几百万元做到几千万元、几亿元，甚至上百亿元。
- 发行量达 20 万册的畅销书《让管理回归简单》作者；影响超过 50 万人的课程和教程《赢在战略》《企业成功的八大原则》《有效管理的 11 大方法》开发者。
- 发行量超过 15 万册的培训杂志《易友》和《老板顾问》的设计师及主编。
- 曾任欧洲最大管理咨询公司德国罗兰贝格咨询公司中国业务创始人及总经理。

2011 年开始，我们就听到很多关于中国企业和企业老板们的各种各样的说法。不少人说，很多企业都经营不下去了，老板都不打算干下去了。媒体几乎每天都有报道，说某某公司老板卷钱跑了，某某公司老板移民了，还有更多老板在做这方面的准备。

中国的企业，尤其是在媒体上几乎没有声音的中小企业到底是什么情况？这些企业的关键人物——我们通常说的老板——到底是些什么人，他们有什么想法？

易中公司成立至今已经 15 年了，我们通过培训服务和资讯产品每年接触大约五万家中小企业，我们深感企业和企业主的实际情况和媒体给出的图像并不完全一致，甚至很不一致。我们非常希望能够系统地了解我们为之服务的中国中小企业的真实状况，但当搜寻这方面信息的时候，我们没有找到任何比较全面的调查结果，能看到的几乎都是关于这类企业和企业家的个案。因此，我们在 2012 年决定，每年做一次针对中国中小企业的经营状况的调查。

2012 年仅有 239 个企业参加了我们的调查，2013 年参加调查的企业是 639 家，2014 年 3 ~ 4 月进行的第三届调查吸引了超过 1000 家的企业。2012 年的第一届调查我们仅涉及中小企业的经营状况和对宏观经济环境的看法；2013 年的调查我们加入了对老板信心和老板心理状况的调查；2014 年我们在前面两项的基础上大幅度增加了对企业经营和管理关键指标的调查，以期更深入地了解和理解对中国经济贡献度超过 60% 的中国中小企业的真实处境、经营管理状况和未来发展趋势。

2014 年第三届调查的基本结论如下：

如果我们使用自然界的现象为中国中小企业整体

状况做一个刻度表，我们可以说企业处在暴雨、小雨、阴天，晴天和大晴天中。使用这样的表达，我们计算出来的中国中小企业“晴雨表”指数为47，还处在阴天之中，但如果我们看2012年至今以及调查涉及的64个问题表现的趋势，我们认为中国中小企业的发展趋势在向好，是在阴转晴之中。

作为“晴雨表”子指标之一的中国中小企业生存环境指数为57，好过2012年，较大幅度好过2013年，这预示着中小企业正从2012—2013年的低谷中走出。具体的调查指标让我们相信，大的宏观环境从2013年开始改善，新一届政府的新政策也在逐渐发挥作用。

作为“晴雨表”子指标之一的中国中小企业经营健康度指数为49，处于好坏参半的状况。一方面企业预期在2014年整体上收入和利润额有增长，但另一方面企业现金流紧张，利润率相对低下。具体来说，如果没有正常营业收入，64%的中小企业现金流不足以维持企业超过半年的生存。此外，58%的企业销售利润率低于10%。

作为“晴雨表”子指标之一，由对客户、产品和技术因素调查形成的中小企业成长潜力指数仅为29，这充分表现了没有太多资源储备和处于抓机会阶段的大量中小企业在未来投入上举步维艰。让我们不悲观的是，不少企业已有增加投入、改进增长潜力的意识。

作为“晴雨表”子指标之一，由对企业战略、组织、决策、核算、考核、会议、报告等要素组成的管理成熟度指数为50，也处在好坏参半的位置。这说明中国中小企业的管理水平还需要大幅度提升，但也说明中国中小企业还有很大的上升空间。

作为“晴雨表”子指标之一的老板信心指数是所有子指标中得分最高的一项，为62，而且从几年来的趋势看处于上升期。这说明中国中小企业老板尽管面临各种各样的挑战，但相对看好自己企业和中国经济的未来。信心将是他们和他们的企业战胜各种环境困难和自身弱势最好的武器。

与过往调查报告不同，2014年第三届调查报告的重点不仅是对中国中小企业现状做出分析和描述，更是要帮助中国中小企业从做得好的企业身上学习。向好企业学习的方法有很多，在我们的调查报告中，围绕中小企业最关心的30项关键指标，我们给出了整体的、分行业、分地区的对标数据。

企业可以从对标行业的最好和最坏，逐项对比自己和最好的企业在30项关键指标上的差距，以便找出提升经营管理水平的方法。

企业也可以从对标本行业的“五段及五段以上”榜样企业的差距中找到自己提升的方向和计算提升的空间。

我们相信，此调查报告对两类人和企业有用：

1. 各行业的企业老板和管理者。除了通过此报告了解中国中小企业整体发展情况，知道自己同类企业的状况外，老板和管理者可以使用报告中提供的大量的分行业的具体对标数据，来检查自己和优秀企业的差距（例如收入增长、利润率、销售费用率、管理费用率、现金流状况、收付利息高低、工资增长、人均工资、人均贡献、管理水平等）。知道了差距在哪里和差距的大小，如何缩短差距就是相对容易的事情了。

2. 为企业服务的企业、机构和单位，例如银行、保险公司、各种专业服务公司等。除了通过此报告了解中国中小企业整体发展情况，还可以通过对比数据了解所服务客户整体的真实情况，以便保护自己和更有针对性地做好服务。

3. 此外，我们相信报告中的数据，对政府部门和媒体全面和真实地了解中国中小企业的状况非常有帮助。

此调查报告不是一个学术报告，我们的主要目的是服务于我们广大的中小企业客户，因此我们去除了那些虽然让报告显得严谨和科学的，但对我们的客户没有实际意义的统计学和其他细节。

“风大的时候，猪都能飞起来”，这是一些人用来形容中国过去二三十年企业日子非常好过时的说法。我们的调查显示，风已经很多年不大了，而且未来也不会再大起来。大风把猪吹起来的机遇，对大部分中小企业来说已经一去不复返了。但风小的时候，正好是我们老老实实养猪的时候。不断在产品、技术和客户开发上做投入，定期做好战略和组织调整，客观坚定地做好企业的重大决策，认真核算各项业务，通过人事考核、会议、报告体系全面地做好管理，是中小企业成长未来的必经之路。

换句话说，中国中小企业到了必须转型的时刻：从重视机会到重视优势，从重视数量到重视质量，从重视速度到重视深度，从重视知名到重视口碑，从重视规模到重视效益。希望《2014 第三届中国中小企业经营管理状况及 30 项关键指标调查报告》能带给您灵感和冲击。

宋新宇 博士

2014 年 7 月

注：报告中数据计算由于四舍五入的原因，部分数据加总可能略低于或略高于 100%。

总目录 CONTENTS

目 录 CONTENTS

A. 中国中小企业“晴雨表”指数为47：阴转晴

1 指数定义

中小企业“晴雨表”指数是反映中小企业真实经营管理状况的一面镜子。它从企业所处的生存环境、经营健康度、成长潜力、管理成熟度以及老板信心五个维度，对中国中小企业的生存环境和经营状况，进行全面系统的综合评价。

中小企业“晴雨表”指数由五个二级指数构成，分别是：生存环境指数、经营健康度指数、成长潜力指数、管理成熟度指数、老板信心指数。“晴雨表”指数值越高，说明中小企业的生存环境和经营状况越好；反之，则越差。具体见下图：

图表 1　中小企业“晴雨表”指数结构图

中小企业“晴雨表”指数（一级指数）		
二级指数	**三级指标**	**对应的问题**
1. 生存环境指数	经济发展前景 税费负担 额外经营负担	A1. 您怎么看待未来三年中国经济的发展前景 A2. 贵企业的全部税费占营业额的比重为多少 A3. 您认为中小企业的额外经营负担（乱收费、乱罚款、乱摊派、乱集资）重吗
2. 经营健康度指数	经营状况 营业额增减 销售利润率 税前利润额增减 现金流状况	B1. 贵企业 2013 年总体经营状况如何 B2. 贵企业 2013 年营业额相比上一年度增长多少 B4. 贵企业 2013 年销售利润率（= 税前利润 / 营业额）约为多少 B5. 贵企业 2013 年税前利润额相比上一年增长多少 B12. 假设贵企业从现在起收入为 0，现有的现金能支撑公司活多久
3. 成长潜力指数	行业排名 产品市场占有率 新产品营业额占比 老客户回头率 新客户营业额占比 研发支出	D1. 贵企业的行业排名是多少 D4. 贵企业主导产品的市场占有率是多少 D5. 贵企业 2013 年新产品营业额占总营业额的比例为多少 D6. 贵企业 2013 年老客户回头率（再次购买的客户比例）是多少 D7. 贵企业 2013 年新客户营业额占总营业额的比例是多少 D9.2013 年贵企业的研发支出占营业额的比例是多少
4. 管理成熟度指数	管理效率 管理体系完善度 会议制度规范性 报告制度规范性 精准核算体系建立 考核晋升制度建立 老板素质能力	E1. 贵企业的管理效率如何 E2. 贵企业的管理体系如何 E6. 贵企业是否建立了规范的会议管理制度 E7. 贵企业是否建立了规范的经营管理报告制度 E8. 贵企业是否建立了精准的经营核算体系 F7. 贵企业是否建立了清晰的考核晋升制度 G2. 下述老板素质能力里，您最具备哪些
5. 老板信心指数	新投资意向 员工数量计划 企业售出意向 企业转行打算 老板移民打算	C4.2014 年贵企业是否有新的投资 F3.2014 年贵企业员工数量计划是多少 G3. 如果有个人或机构愿意出资购买您的企业，您是否会考虑卖出 G4. 您是否有转到其他行业的打算 G5. 您是否有移民的打算

2 指数计算

“晴雨表”指数的计算公式：

中小企业“晴雨表”指数 = ∑（生存环境指数，经营健康度指数，成长潜力指数，管理成熟度指数，老板信心指数）权重 $_k$

各二级指数的计算公式：指数 = ∑指标 $_i$ 权重 $_k$

各指标的计算公式：指标值 =(实际值 − 极小值)/(极大值 − 极小值)×100

各指标打分：利用李克特量表对问题选项进行赋分，5 个选项的问题对应李克特 5 点（1~5 分），7 个选项的问题对应李克特 7 点（1~7 分）

权重设置：生存环境指数 15%、经营健康度指数 30%、成长潜力指数 25%、管理成熟度指数 20%、老板信心指数 10%。

3 指数表现

指数值满分为 100 分，每 20 分划分为一个节点，指数值在 60 分以上该指数的表现视为好，指数值在 40 分以下该指数的表现视为差，指数值在 20 分以下该指数的表现很差。

图表 2　指数表现及指数值划分

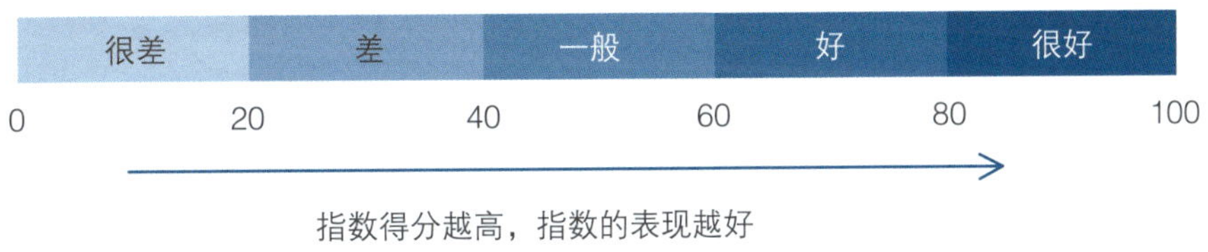

4 指数分析

4.1 中小企业“晴雨表”指数为47：整体表现为“阴转晴”

图表3 2014年中小企业“晴雨表”指数值

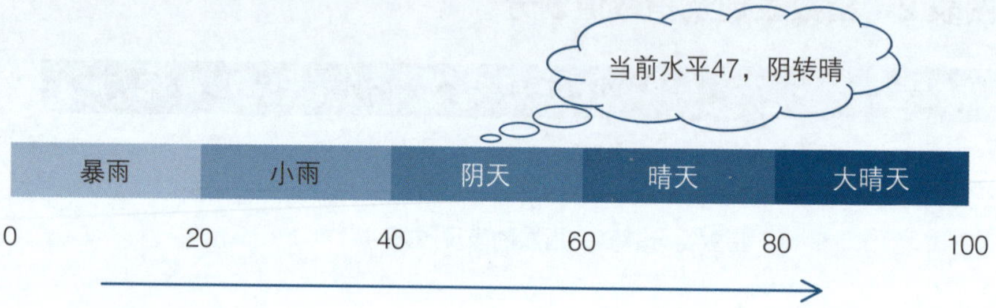

中小企业“晴雨表”指数为47，中小企业的生存环境和经营状况，整体表现为“阴转晴”。整体体现出来的大趋势是：

- 从第二产业到第三产业的转移，正在进行中；
- 第三产业的利润率普遍高于第二产业；
- 经济增长从东南沿海转移到内陆和北部沿海地区；
- 经营状况和经济预期：阴转晴；
- 以弱胜强的中小企业：意志远远大过实力。

图表 4 “老板信心”指数表现最好，“成长潜力”指数表现最差

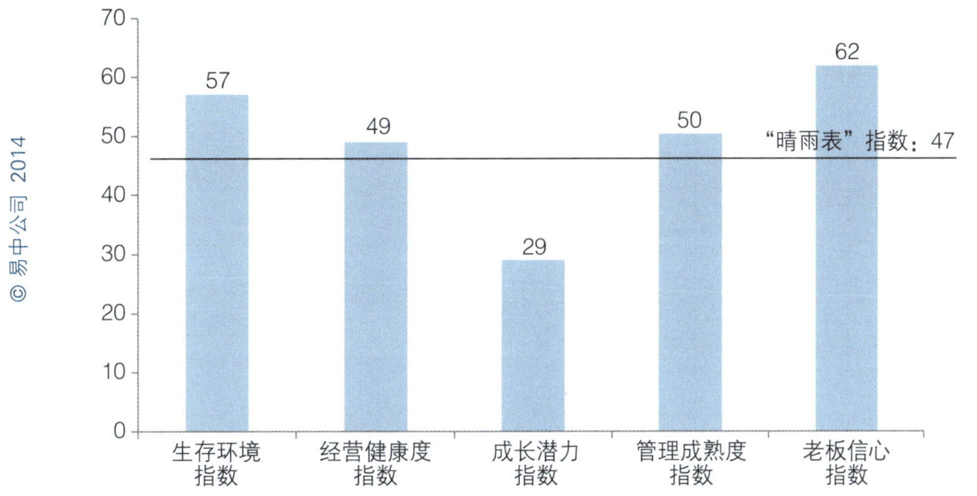

具体情况在二级指数上表现为：“老板信心”指数最高，为 62；其次是“生存环境”指数，为 57；而中小企业经营管理的核心——“管理成熟度”指数和“经营健康度”指数，则相差不大，分别为 50 和 49；令人堪忧的是，中小企业的“成长潜力”指数最低，仅为 29。

与中小企业发展最相关的，企业经营状况（营业额、利润、现金流）和管理水平（效率、体系、核算、员工），均仅为“一般”，而间接影响中小企业经营的外部生存环境（发展前景、税费、负担）还不错，几乎达到了“好”。因此，中小企业更多应该埋头修炼内功，而不是一味埋怨外部环境，事实上，相比于内部经营管理水平不足来说，中小企业的外部经营环境已有较大改善。

中小企业经营上的不足主要体现在现金流紧张和销售利润率低下，也就是说中小企业的赢利能力普遍较低。

中小企业管理上的不足主要体现为中小企业不会开会，不会做工作汇报，会议管理制度和经营管理报告制度执行不规范。同时，中小企业精细化核算体系及人事考核体系均缺少“群众基础”，执行效果不理想。

与中小企业经营管理相比，中小企业的成长潜力（新客户、新产品、创新）上的表现更差，它比提升企业内部经营管理水平还要任重而道远。而成长潜力的复苏困难，又反过来作用于中小企业经营和管理，提升更加不易。

在中小企业“内功”较差，亟待寻求可持续发展道路的情况下，中小企业老板表现出了顽强的决心和坚强的信心，他们有着较强的抗压能力，懂得在压力和挑战下，立足本业做强做大的重要意义。

图表 5 各行业的晴雨表指数与整体指数表现无大差异

指数 / 行业	生存环境指数	经营健康度指数	成长潜力指数	管理成熟度指数	老板信心指数	晴雨表指数
原材料	54	50	29	50	61	46
工业品	56	50	30	53	62	48
消费品	61	49	32	50	65	49
加工定制	50	49	29	45	59	44
服务业	59	49	26	46	59	45
专业服务业	59	47	28	50	62	46
贸易	58	49	28	51	63	47

各行业的“晴雨表”指数与整体的指数表现一致，均为“老板信心”指数表现最好，成长“潜力指数”表现最差。

4.2 生存环境指数为 57：从低谷走出

图表 6　税费负担不是大问题，额外经营负担最重

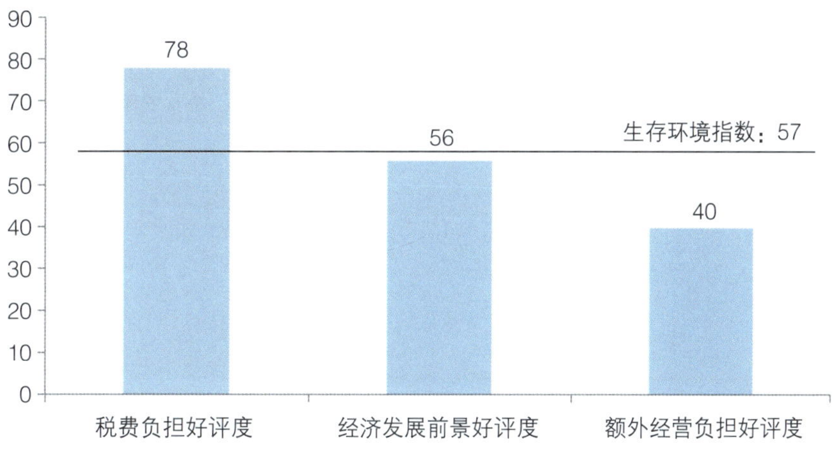

生存环境指数中，“税费负担”好评度指标表现最好，为 78；“额外经营负担”好评度指标表现最差，仅为 40。

“税费负担”好评度指标 78，这说明，税费负担对中小企业的生存发展影响并不大，并看好税费下降的长期趋势。

而中国经济发展前景也不算差，虽然不能给中小企业带来明显帮助，但也不会影响到中小企业的发展。

相对于税费负担和中国经济环境来说，额外经营负担给中小企业带来的冲击更大，中小企业普遍认为自己的额外经营负担（乱收费、乱罚款、乱摊派）较重，非常影响企业日常业务的展开。

随着政府继续深化改革，进一步释放改革红利，国内经济增长趋于稳定，中小企业的生存环境还有改善空间，广大中小企业在较长的一段时间内，仍能趁国内生存环境好转之势做强做大。

4.3 经营健康度指数为 49：收入和利润额有增长，但现金流紧张

图表 7 利润率偏低，现金流紧张

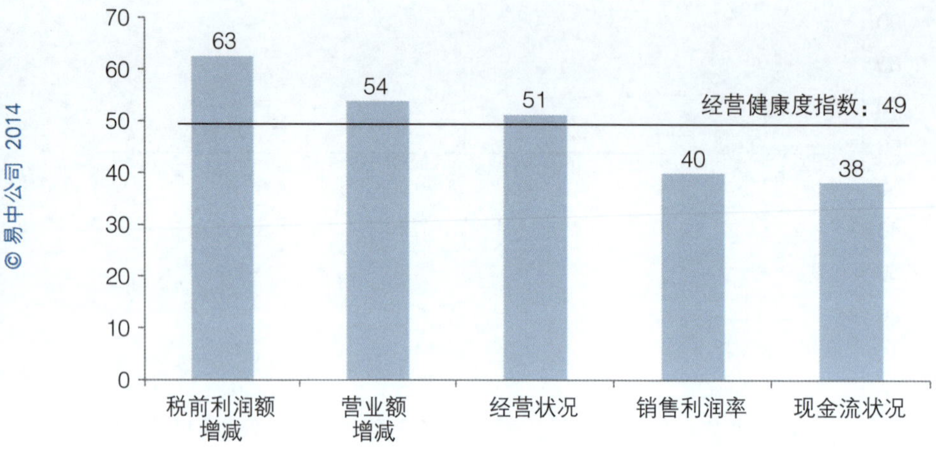

“经营健康度”主要是看企业的经营状况是在好转，还是在变坏；企业的赢利能力，是在提升还是下降；如果没有收入来源，现金流是否能够维持企业存活更长时间。

具体来看，“税前利润额增减”指标为 63，“营业额增减”指标为 54，“经营状况”指标为 51，这说明 2013 年中小企业的营业额和利润并不算差，总体经营状况也在合理范围内。

事实上，2013 年，中小企业呈现出整体回暖的态势，营业额和利润相较上年都有了不同程度的增长。

“销售利润率”指标为 40，“现金流状况”指标为 38，这显示出，中小企业的“销售利润率”和“现金流状况”徘徊在较差的边缘。

销售利润率体现企业的赢利能力，销售利润率越低，赢利能力越差，2013 年，有半数以上的中小企业赢利能力“不及格”。此外，有六成中小企业现金流不安全，多半企业都不善于理财。

总体来看，2013 年中小企业经营状况的好转和收入的增加，是由粗放经营带来的，而非通过提高自身赢利能力水平和投资理财来获得。中小企业普遍存在销售利润率低下、现金流紧张的问题。

4.4 成长潜力指数仅为 29：非常艰难但已有改进意识

图表 8　成长潜力指数中，各个指标表现都比较差

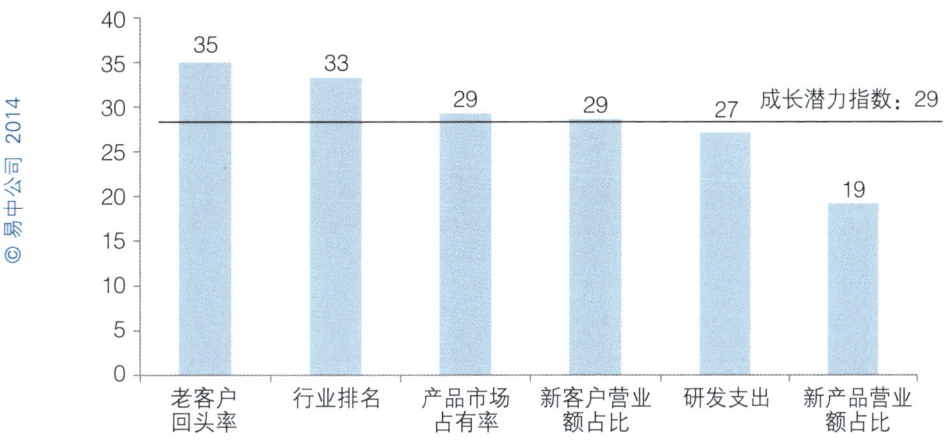

中小企业的成长潜力来源于当前的实力水平和为未来的成长所做的投资，主要以企业在新产品、新客户以及研发方面的表现来进行评价。

从“成长潜力”指数各构成因素的表现来看，各个指标表现得都比较差，均不超过 40。

事实上，2013 年，近六成的中小企业，其老客户回头率不足 60%；在这种情况下，新客户又难以寻到，六成以上的中小企业新客户收入不足 20%；与此同时，中小企业主导产品的市场占有率普遍不高，新产品营业额贡献总体很低，不超过收入的 30%。

但是，中小企业对创新还是很重视的，积极采取了各类创新方式，2013 年几乎所有的企业都在创新。

中小企业成长潜力差，一方面受外部环境影响，另一方面与其自身体量较小、经营管理能力一般有关，虽然成长潜力复苏艰难，但还是充满希望的，因为绝大部分中小企业都开始重视创新，以创新推动企业经营和成长。

4.5 管理成熟度指数为 50：还需要大幅度提升

图表 9　管理效率不高，管理体系欠完善

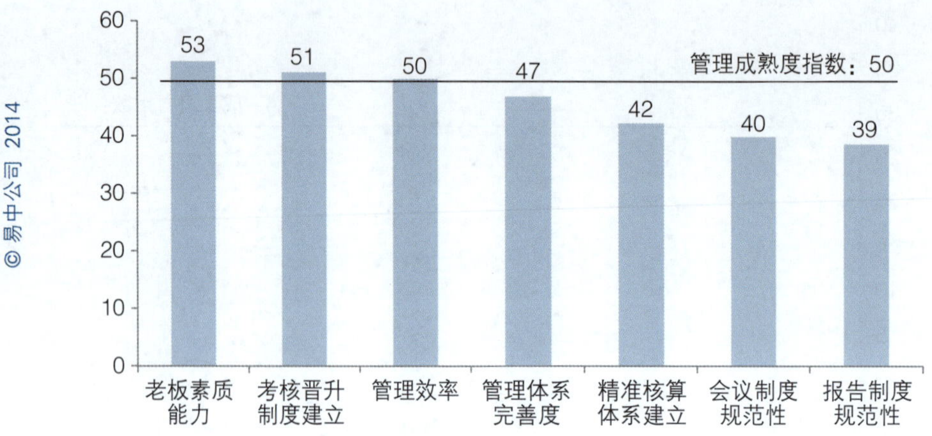

“管理成熟度”主要体现在管理体系完善度、管理效率以及核算、考核和日常管理的表现上。

从管理成熟度指数各构成因素的表现来看，中小企业老板的能力素质整体不低，为 53；考核晋升机制的建立也在正常范围，为 51；各指标中表现相对较差的是报告制度的建立和完善，仅为 39。

调查显示，中小企业考核晋升制度的普及率很高，都很重视员工管理和保留；同时，中小企业老板是一群爱学习、具备经营企业基本素质的群体。

不过，大部分中小企业不会开会，不会做工作汇报，会议管理制度和经营管理报告制度的普及率很高，但执行不规范，不能明确会议流程，没有规范的汇报内容，无法做到标准化汇报；此外，中小企业精细化核算体系和考核晋升制度缺少“群众基础”，执行效果不理想。

中小企业普遍对管理效率和管理体系的自我评价不高，在粗放经营越来越难以为继的情况下，管理的重要性不断凸显，管理能力的提升似乎没有尽头，不断精进、不断提升，是中小企业老板的普遍追求。

与中小企业对自身经营健康度的评价对比，虽然指数值近似，但对管理成熟度的评价则更分散，这说明，管理成熟度在中小企业之间的差异很大。

4.6 老板信心指数为 62：且彷徨且前行

图表 10　老板看好国内发展，对企业经营比较有信心

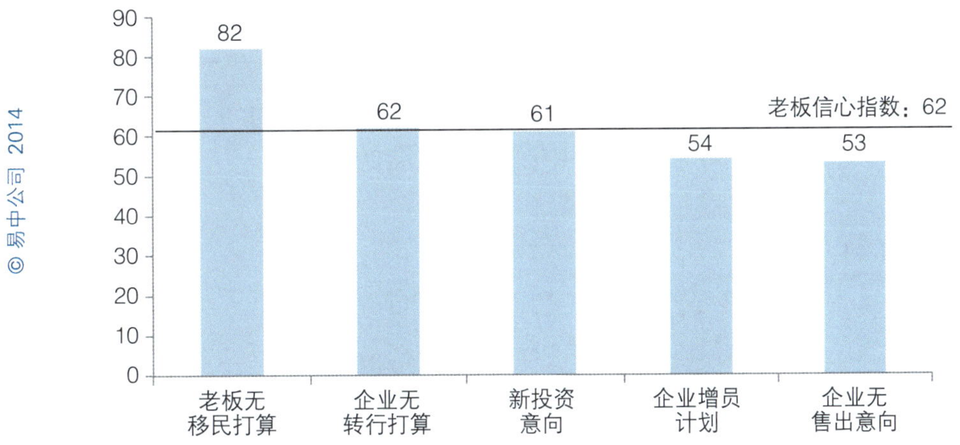

“老板信心”指数，主要体现在老板移民打算、企业转行打算、投资扩编意向和出售意愿上。

从老板信心指数各构成因素的表现来看，中小企业老板的移民倾向并不高，留在中国的指数为 82；而企业转行意愿也并不算高，坚守本行的指数为 62；相比之下，老板售出企业的可能性比上述两个动作都大，为 53。

在 2014 年，中小企业老板不会完全转行，但会扩展至更多行业；六成中小企业老板没有移民的打算。为了保证企业的永续经营，近六成老板都考虑了接班人问题，内部高管是理想的人选。

相比上年，中小企业老板面临的经营压力虽然有所减弱，但明确表示会将企业全部或部分出售的老板比例却增加了。2014 年，老板售出企业的意愿，比 2013 年更加强烈。

B. 生存环境指数为57：从低谷走出

1 对中国经济发展谨慎乐观

图表 11　总体看好中国经济，同比没有大的波动

问：您怎么看待未来三年中国经济发展的前景?

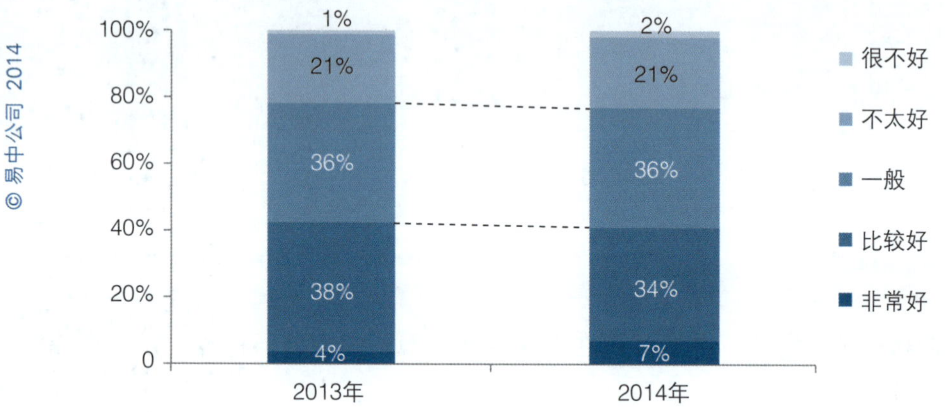

中小企业老板对未来三年中国经济的看法，在 2014 年没有发生大的变化，“看好”中国经济发展的比例，和“不看好”中国经济发展的比例，基本与2013 年持平：2014 年，有 41% 的受访者对中国经济表示乐观，这一数字在 2013 年是 42%。

值得注意的是，虽然持乐观态度的老板比例与 2013 年基本持平，但认为中国经济“非常好”的老板比例却上升了 3 个百分点，增幅虽然很小，但却是两年对比中变化最大的地方。

这说明中国经济的逐步回暖，带动了中小企业老板对未来预期的提升，事实上，2013 年中小企业经历了国内经济危机后的触底反弹，经营状况普遍好转。

图表 12　对未来三年中国经济最看好的是消费品和服务业

问：您怎么看待未来三年中国经济发展的前景？

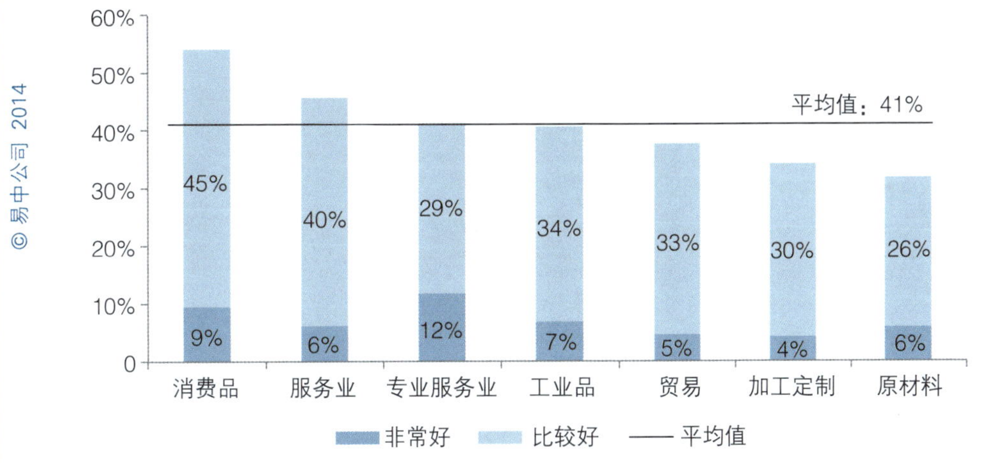

消费品和服务业对未来三年中国的经济发展最为乐观，分别有 54% 和 46% 的受访者认为中国经济将会“比较好”或“非常好”。在今年的调查中，服务业是赢利能力（赢利能力 = 销售利润率 = 税前利润 / 营业额）最强的行业，它同时也是税前利润率增长最高的行业，表现非常突出（详见第 38 页图表 37）。

对中国经济最不看好的行业是原材料和加工定制业，仅有三成左右的受访者对此表示乐观。在今年的调查中，原材料和加工定制业同为赢利能力最弱的两个行业。而加工定制业对中国经济连续两年最不看好，也反映出该行业整体还未出现回升迹象。

工业品行业对未来三年中国经济的看法出现了比较大的变化，在 2013 年，它是最不看好中国经济的行业，但在 2014 年，其看法有了明显改善。事实上，工业品行业是 2012 年税前利润增长覆盖率最低的行业，但在 2013 年，其税前利润增长覆盖率已经提升到了中间位置（详见第 34 页图表 33）。

图表 13　沿海地区出现两极分化：北部沿海企业最乐观，而东部、南部沿海地区最悲观

问：您怎么看待未来三年中国经济发展的前景?

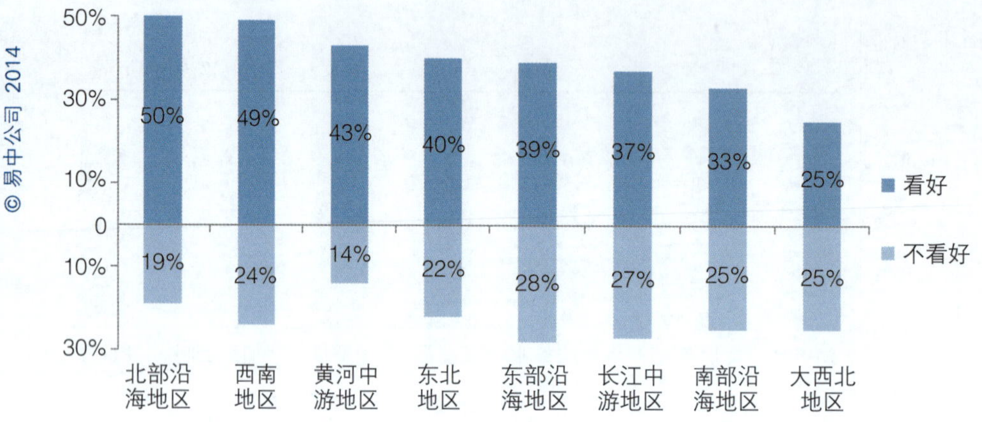

观察各地区对中国经济的看法，我们发现，沿海地区企业出现两极分化：北部沿海地区企业最为乐观，而东部和南部沿海地区企业则比较悲观。

北部沿海地区企业受京津冀一体化影响，未来将会有更多发展机遇，这导致中小企业对未来发展预期不断升高，信心增强。

对比这两年，我们发现，最不看好中国经济的地区，从东北地区，变为了东部沿海地区；而最看好中国经济的地区，则从长江中游地区，变为了北部沿海地区。事实上，原来经济活跃的东部、南部沿海地区，开始沉寂下来；原来的价值凹地北部沿海地区，受政策红利影响，迎来发展机遇，这些都与国家调整区域发展目标有关。

2 税费负担整体合理，且同比稍有下降

图表 14　中小企业税费负担稍有下降

问：贵企业的全部税费占营业额的比重为多少

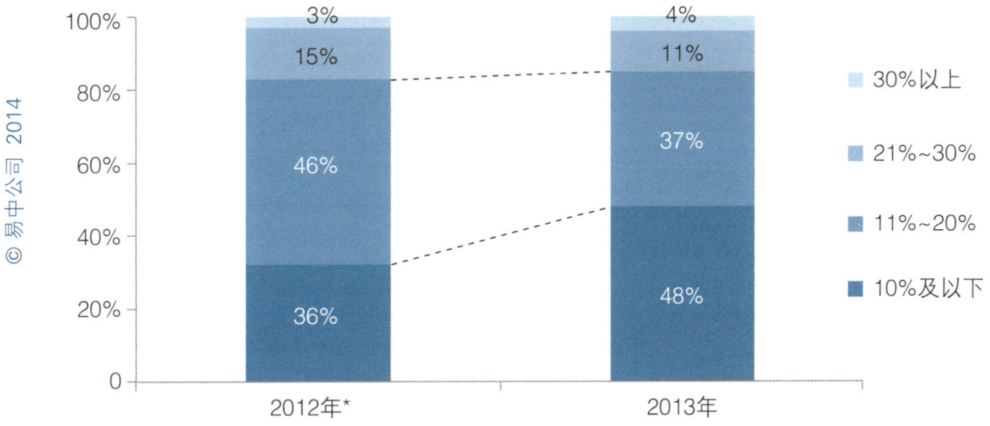

注：2012年数据推算得出，仅供参考

2011 年以来，以国九条为核心和推动，陆续出台了一系列针对中小企业的扶持政策以及减免中小企业税费负担的政策，这些措施一定程度上使中小企业获益，税费负担有了小幅下降。

税费在营业额 20% 以上的企业比例，从 2012 年的 18% 下降到 2013 年的 15%，而税费不超过 10% 营业额的企业比例，从 2012 年的 36% 增加到 2013 年的 48%，增幅明显。这说明，国家推出的减税政策，大方向是对的，未来可进一步加大力度。

我们认为，中国中小企业实际税负整体合理，但很多企业的低税负是用避税手段实现的，建议国家通过税收政策调整，把名义税负向实际税负看齐，减轻老板的心理负担。

图表 15　服务业的税负较轻，加工定制业的税负较重

税费占比 / 行业	10% 及以下	11%~20%	21%~30%	30% 以上
服务业	57%	30%	10%	2%
消费品	53%	38%	7%	3%
原材料	52%	31%	14%	4%
贸易	51%	37%	9%	2%
专业服务业	48%	34%	13%	4%
工业品	39%	44%	11%	5%
加工定制	38%	40%	15%	6%

服务业和消费品行业的税费负担相对更轻，分别有 57% 和 53% 的受访企业表示，其税费不超过营业额的 10%。

加工定制业的税费负担相对较重，仅有 38% 的受访企业表示，其税费在营业额的 10% 以下，其次是工业品行业，这一数字为 39%。

图表 16　黄河中游地区税负较轻，大西北和东北地区税负过重

地区 \ 税费占比	10% 及以下	11%~20%	21%~30%	30% 以上
黄河中游	59%	35%	6%	0
长江中游	52%	38%	9%	2%
西南	51%	37%	6%	4%
南部沿海	46%	38%	11%	5%
东部沿海	46%	37%	13%	4%
北部沿海	42%	37%	13%	7%
东北	41%	44%	11%	4%
大西北	38%	37%	25%	0

黄河中游地区的税费负担相对偏低，有 59% 的受访企业表示，其税费不超过营业额的 10%，其次是长江中游（52%）和西南地区（51%）。

大西北地区的税费负担则更重，税费在营业额 10% 以下的企业，仅占 38%。其次是东北地区（41%）和北部沿海地区（42%）。

这些差异与地区之间税收政策不同有关。

图表 17　中小企业对额外经营负担普遍反感

问：您认为中小企业的额外经营负担（乱收费、乱罚款、乱摊派、乱集资）重吗？

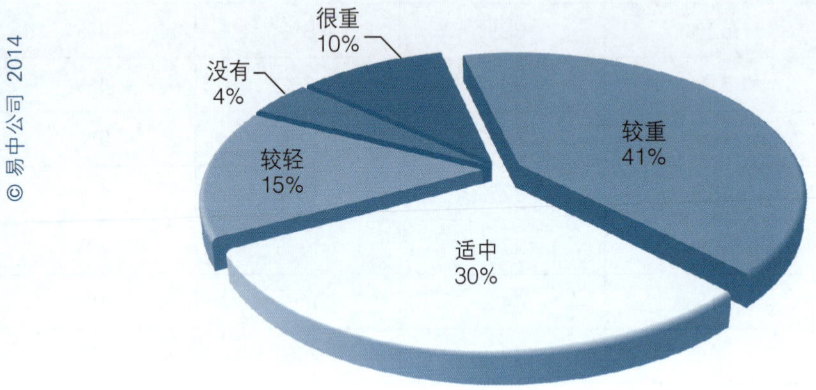

除了税收负担外，中小企业在经营过程中，还面临着很多额外经营负担，比如乱收费、乱罚款、乱摊派和乱集资行为。这些不法行为，给中小企业的经营发展带来不必要的干扰。

调查显示，有一半的中小企业都认为这些额外负担“比较重”或“非常重”，仅有 19% 的受访企业对这一负担感觉较轻。

由于额外经营负担不合规、不合法，中小企业老板普遍对这一行为感到反感，政府应该对这一本不该出现的恶劣行为进行坚决打击。

图表 18　加工定制行业的额外负担最重，专业服务业最轻

问：您认为中小企业的额外经营负担（乱收费、乱罚款、乱摊派、乱集资）重吗？

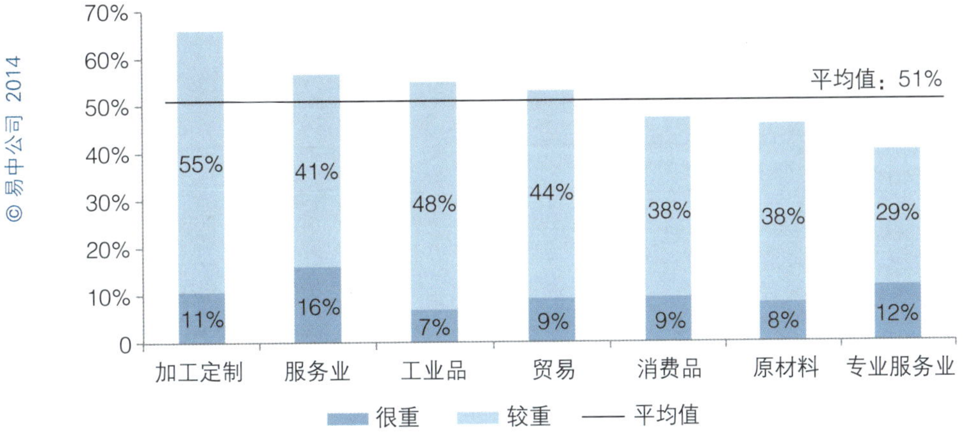

加工定制业企业对额外经营负担的感受更重，他们中有66%的受访企业认为负担重，其次是服务业（57%）和工业品行业（55%）。

而专业服务业对额外经营负担的感受较轻（41%），其次是原材料（46%）和消费品行业（47%）。

图表 19　东北地区的额外经营负担远高于其他地区

问：您认为中小企业的额外经营负担（乱收费、乱罚款、乱摊派、乱集资）重吗？

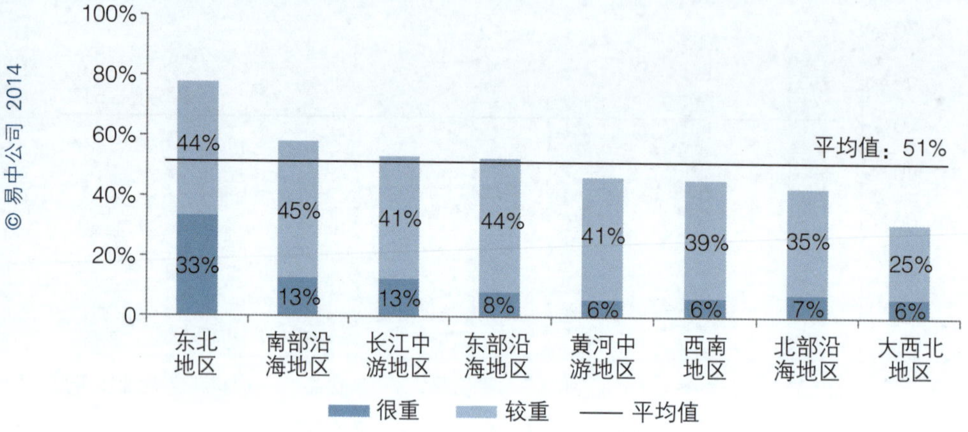

观察各地区的经营负担情况，我们发现，东北地区的额外经营负担最重，表示“比较重”或“非常重”的企业占 77%。这一数字远高于其他地区，非常突出。

我们呼吁相关单位，在保证地区经济发展的同时，给中小企业创造一个更加健康、更加有利的经营环境。这一举措带来的好处，终将反馈到地区经济的发展上，形成良性循环。

相对应的，大西北地区的中小企业额外经营负担相对较轻，31% 的企业比例还不到东北地区的一半。

3 对国家出台扶持政策的需求稍有下降

图表 20 对税收减免的期待有所下降

问：您期待国家推出哪些扶持政策？

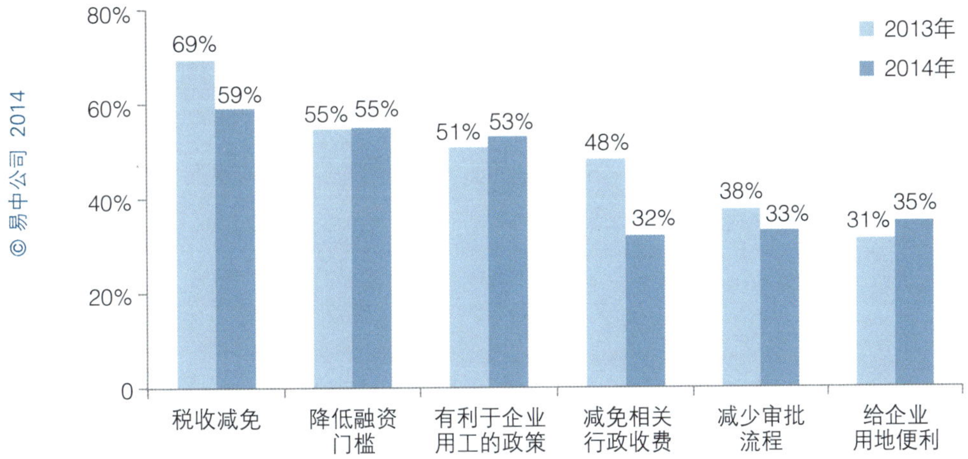

2014 年，税收减免（59%）仍然是中小企业最期待的扶持政策，其次是降低融资门槛（55%）和企业用工政策（53%）。对比 2013 年，中小企业对国家扶持政策的期待，没有出现大的变化。

税收减免虽然仍然最受期待，但期待程度下降了，2013 年有 69% 的受访企业对此期待，而 2014 年仅有 59% 的受访企业期待，下降了 10 个百分点。这与 2013 年中小企业税费负担有所下降有关。

此外，中小企业对减免相关行政收费的期待也有所下降。2013 年这一数字是 48%，2014 年为 32%。这与 2013 年国家出台了很多相关政策有关。

需要注意的是，中小企业对"用工政策"和"用地便利"的期待有所上升，虽然增幅不大，但政府应该引起重视。

总体来说，中小企业对国家出台各项扶持政策的需求，除用工政策和用地政策外，均有下降。这说明，国家推出的扶持政策与中小企业期待一致，方向对了，但需要力度更强，速度更快。2014 年，中小企业生存环境的改善，需要国家通过深化改革，进一步释放更多制度红利、政策红利。

图表 21 税收减免、降低融资门槛、用工政策在各行业都最受期待

政策 行业	税收减免	降低融资门槛	有利于企业用工的政策	给企业用地便利	减少审批流程	减免相关行政收费
专业服务业	69%	43%	54%	36%	33%	28%
加工定制	68%	55%	68%	28%	23%	32%
工业品	62%	55%	60%	31%	28%	29%
消费品	58%	65%	51%	35%	30%	39%
服务业	55%	54%	44%	31%	43%	35%
原材料	54%	63%	46%	39%	45%	30%
贸易	52%	57%	50%	39%	33%	33%

“税收减免”“降低融资门槛”“有利于企业用工的政策”在各行业都最受期待。

其中，专业服务业、加工定制业、工业品和服务业，最期待“税收减免”；消费品、原材料和贸易行业，最期待“降低融资门槛”；而加工定制业除了期待“税收减免”（68%）外，还非常期待“有利于用工的政策”。

图表 22　税收减免、降低融资门槛、用工政策在各地区都最受期待

政策 地区	税收减免	降低融资门槛	有利于企业用工的政策	给企业用地便利	减少审批流程	减免相关行政收费
东北	70%	56%	30%	37%	52%	37%
东部沿海	65%	50%	62%	35%	39%	30%
南部沿海	64%	59%	56%	33%	24%	30%
北部沿海	61%	51%	43%	30%	26%	36%
西南	51%	49%	56%	44%	41%	28%
长江中游	50%	66%	55%	31%	36%	28%
大西北	50%	50%	50%	42%	34%	33%
黄河中游	48%	58%	49%	25%	44%	38%

从各地区来看，“税收减免”“降低融资门槛”“有利于企业用工的政策”仍是排在前三位的期待政策。

东北地区、东部沿海、南部沿海、北部沿海和大西北地区最期待“税收减免”政策；长江中游和黄河中游地区最期待“降低融资门槛”；西南地区最期待“有利于用工的政策”。

其中，西南地区和大西北地区，对三大政策的需求程度比较均衡。

4 劳动力成本上升仍然是影响企业生存发展的首要外因

图表 23 劳动力成本上升仍然是影响企业生存发展的首要外因

问：您认为影响本企业生存和发展的外部因素主要有哪些？

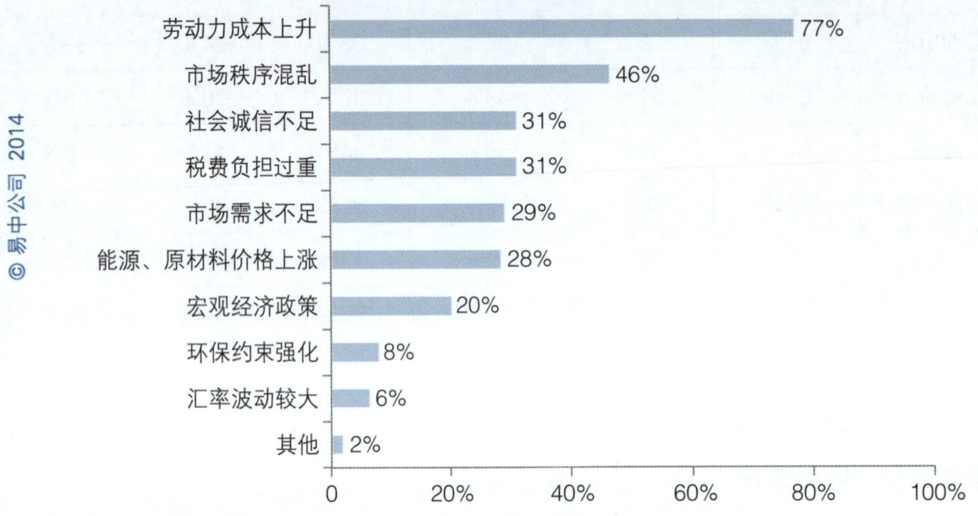

劳动力成本上升（77%）仍然是影响企业生存发展的首要外因，而且这一影响因素，远远大于其他。

排在第二位的是“市场秩序混乱”（46%），这与市场监督不规范，中小企业竞争压力大，甚至恶性竞争有关，不少企业不得不卷入“价格战”。一方面企业都应该遵守游戏规则，共同维护良好的市场秩序；另一方面，政府也应该加强监督，进行规范。而“税费负担过重”（31%），并未被视为最影响企业发展的首要外因，仅与“社会诚信不足”并列第三。

此外，“能源、原材料价格上涨”（28%）对企业生存发展的影响有所降低，在2013年，“原材料价格上涨”带来的影响仅次于“劳动力成本上升”，排在第二，但在今年，这一影响因素下降到了第六位。

总的来说，前两年出现的劳动力成本上升的趋势还将继续，中小企业能做也必须做的是，不断提高单位人工产出，提高工作效率，尽最大可能缓解企业的生存压力。

图表 24　加工定制行业受劳动力成本上升的影响最大

问：您认为影响本企业生存和发展的外部因素主要有哪些？

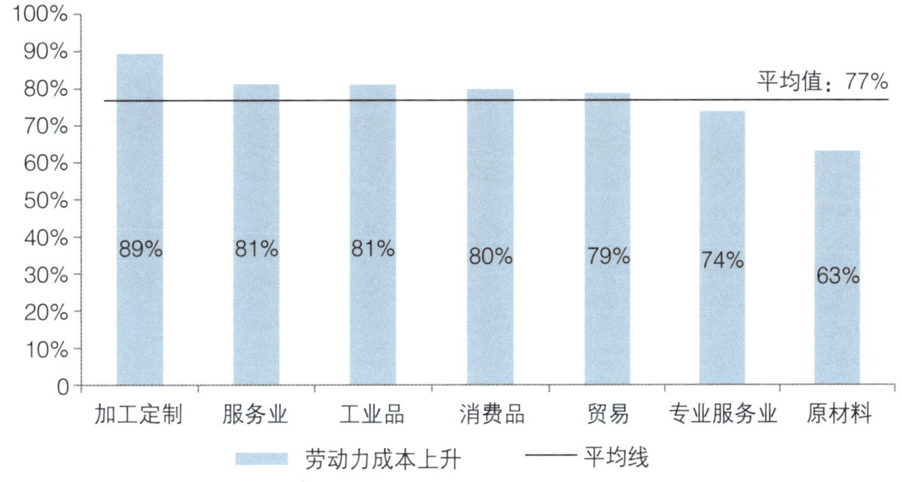

加工定制业受劳动力成本上升的影响最大，有 89% 的受访企业这样认为；其次是服务业（81%）和工业品（81%）。这与加工定制业用工需求大、用工人数较多有关，且员工工资相对偏低，企业直接感受到中国各地最低工资每年上调的压力。相对应的，高新技术人才集中的专业服务业，由于人员工资相对较高，对每年最低工资上调的感受不明显。

原材料行业（63%）受劳动力成本上升的影响最小，其次是专业服务业（74%）。原材料行业相对于其他行业来说，更加依赖资源。

图表 25　黄河中游和南部沿海地区受劳动力成本上升的影响最大

问：您认为影响本企业生存和发展的外部因素主要有哪些？

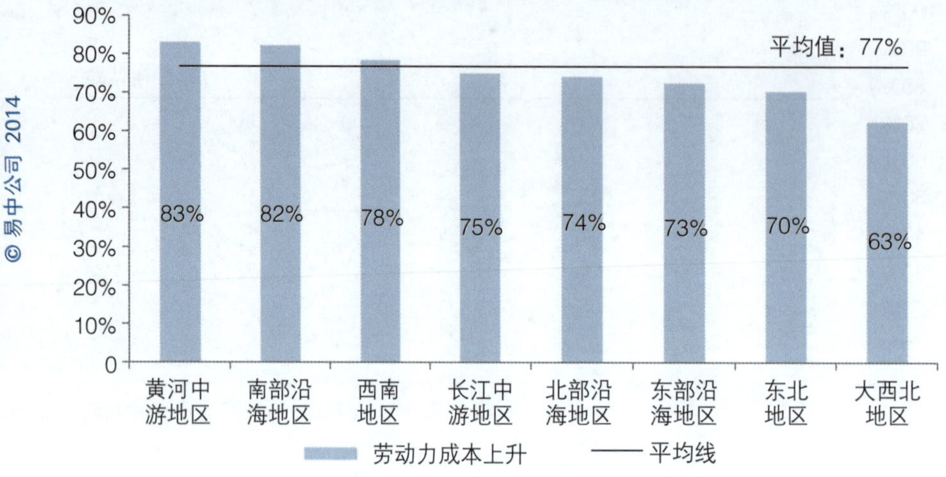

劳动力成本上升，给各地区中小企业带来的压力都很大，均在 60% 以上。特别是黄河中游（83%）和南部沿海地区（82%），最深刻地感受到了劳动力成本上升带来的压力。

而大西北地区，受劳动力成本上升的影响相对较小，63% 的企业比例比黄河中游地区 83% 的企业比例低出 20 个百分点，差异明显。

这一结果与南部沿海地区存在较为严重的用工荒一致，而大西北地区的人工供给量相对充足。

C. 经营健康度指数为49：收入和利润额有增长，但现金流紧张

1 2013 年中小企业经营状况触底反弹

图表 26　2013 年企业经营状况稍有好转

问：贵企业 2012 年、2013 年总体经营状况如何？

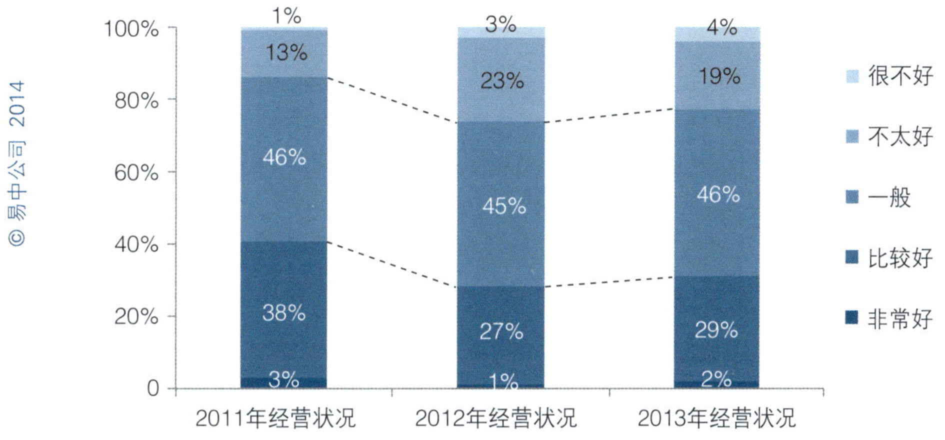

2011 年以来，中小企业经营状况持续转坏，但这种情况在 2013 年得到了初步遏制。调查显示，2013 年中小企业经营状况出现了触底反弹，有 31% 的受访企业表示其 2013 年的经营状况“比较好”或“非常好”，这一数字比 2012 年高出 3 个百分点。

图表 27　2013 年实际经营状况低于预期

问：贵企业 2013 年经营状况将会如何？贵企业 2013 年总体经营状况如何？

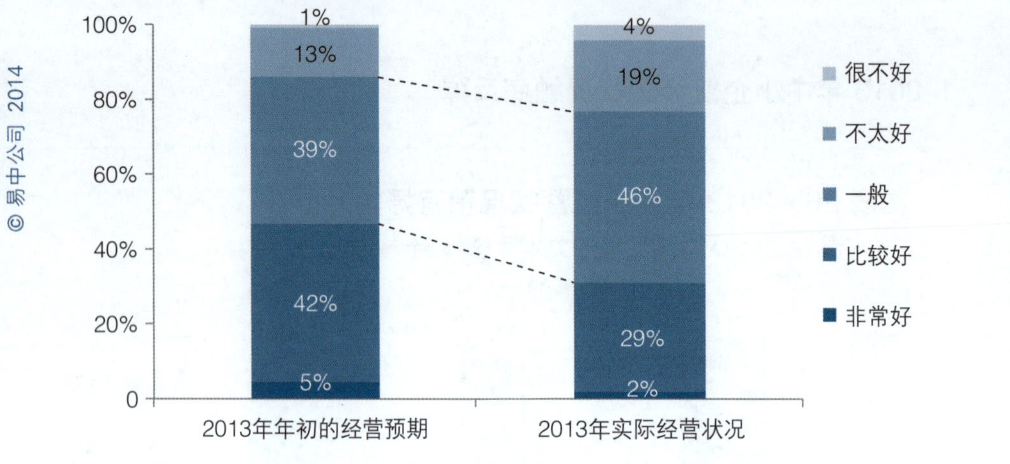

虽然中小企业的经营状况在 2013 年得到了改善，但改善幅度低于老板们的预期。在2013年年初，47% 的受访企业认为2013年的经营状况将会“比较好”或“非常好”；但在 2013 年年底，仅有 31% 的受访企业认为经营状况“比较好”或“非常好”。

这一方面说明老板们对企业经营有着主观上的乐观倾向，同时也说明，这场始于 2011 年的国内经济危机，成因复杂、时间漫长、复苏艰难，企业需要做好打持久战的准备。

2 2013 年中小企业收入和利润额增长覆盖率均有提升

图表 28　2013 年有更多企业实现了收入增长，增长覆盖率稳步提升

问：贵企业 2011 年、2012 年、2013 年营业额相比上一年度增长多少？

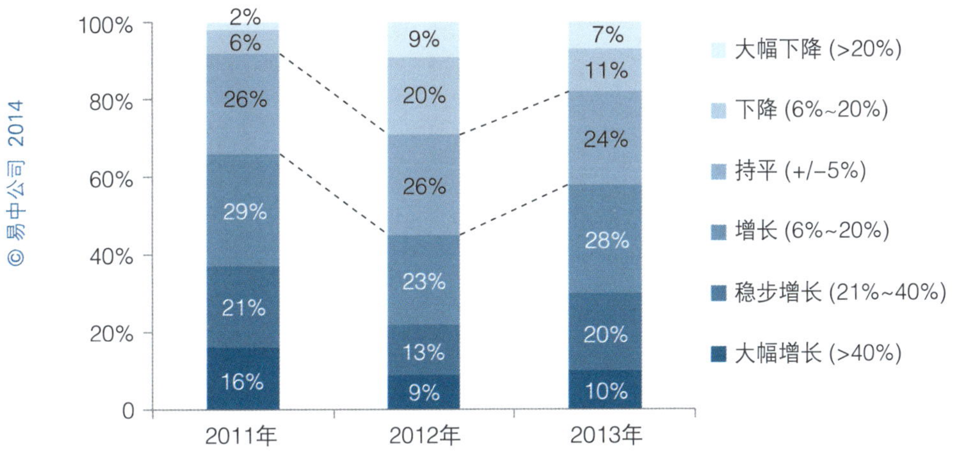

中小企业整体回暖的态势，在 2013 年收入增长率上表现得更为突出。有 58% 的受访企业表示其 2013 年营业额比上年增长了，这一数字在 2012 年仅为 45%；而 2013 年营业额下降的受访企业仅为 18%，这一数字在 2012 年为 29%。

这种收入上的增长虽然还没有恢复到 2011 年的最高水平，但在愈加复杂的经营环境下，已实属不易。

图表 29　专业服务业收入增长的覆盖率最高

问：贵企业 2013 年营业额相比上一年度增长多少？

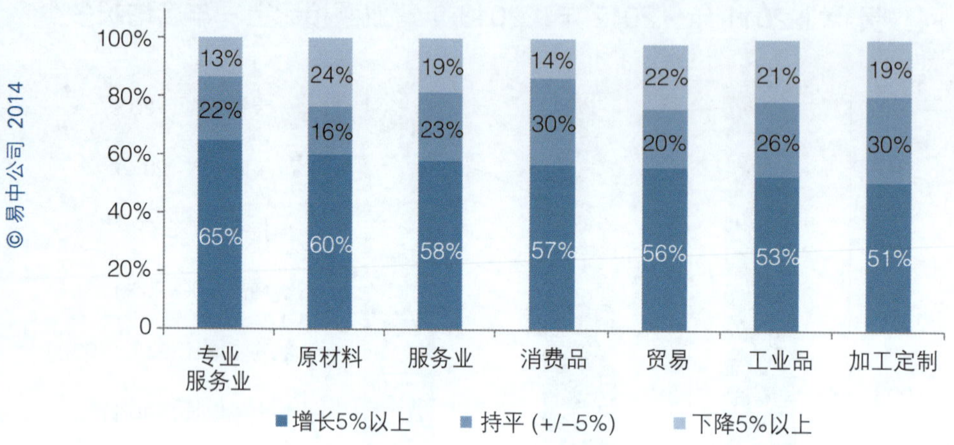

专业服务业中，有 65% 的企业实现了收入增长，为各行业中比例最高。其次是原材料行业（60%）和服务业（58%）。这在一定程度上反映了中国整体经济结构从第二产业向第三产业转移的大趋势。

一定程度上，轻资产、高人才、高技术的专业服务业企业，更容易从恶劣经营环境中恢复。此外，专业服务业企业一直致力于“管理方法”上的改进，内功增加也有利于企业转型升级。

图表 30　长江中游地区和大西北地区收入增长的覆盖率最高

问：贵企业 2013 年营业额相比上一年度增长多少?

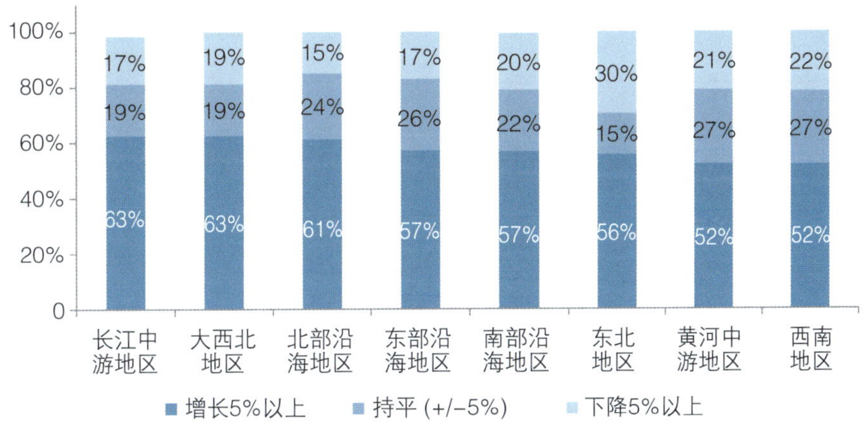

长江中游地区和大西北地区中，均有 63% 的企业实现了收入增长，为各地区比例最高，其次是北部沿海地区（61%）和东部沿海地区（57%）。

收入下滑企业比例最高的是东北地区，有 30% 的受访企业收入下降了，这一数字比其他行业高出近 10 个百分点，比较突出。这和该地区经济结构不太合理、企业税费及额外经营负担重有一定关系。

图表 31　2012 年税前利润额同比变化情况与 2013 年税前利润额同比变化情况

增幅 年份	增长 40% 以上	增长 21%~40%	增长 6%~20%	持平 （+/–5%）	下降 6%~20%	下降 超过 20%
2012 年	6%	7%	19%	30%	27%	11%

增幅 年份	增长 3 倍以上	增长 1~3 倍	增长 51%~100%	增长 26%~50%	增长 25% 以内	下降 25% 以内	下降 25 以上
2013 年	2%	9%	6%	11%	39%	26%	7%

与 2012 年相比，中小企业 2013 年的税前利润增长覆盖率也有小幅提升。

2012 年，有 38% 的受访企业表示其税前利润额下降了 5% 以上，而在 2013 年，税前净利润下降的受访企业仅占 33%，如果抛去下降 5% 以内的企业比例，则 2013 年的这一数字将会更低。

图表 32　2013 年也有更多企业实现了利润额增长，增长覆盖率小幅攀升

问：贵企业 2013 年税前利润额相比上一年增长多少？

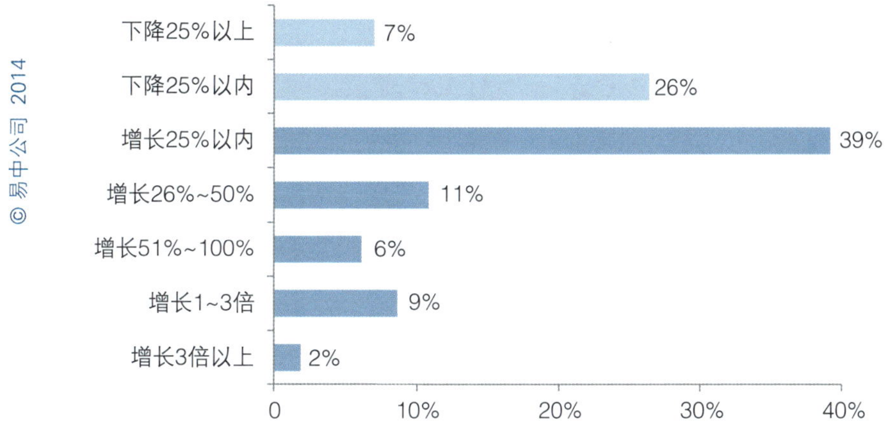

2013 年，表示自己企业税前净利润增长的企业比例远高于下降的。67% 的受访企业表示其 2013 年的税前利润额比上年增长了，涨幅多集中在“25% 以内”这个范围，有 39% 的受访企业表示，其税前利润额增长了不到 1/4。

而实现超高利润增长的受访企业仅占 11%，其中 9% 的受访企业税前利润增长了 1~3 倍，而 2% 的受访企业甚至增长了 3 倍以上。

图表 33 服务业和专业服务业税前利润增长的覆盖率最高

问：贵企业 2013 年税前利润额相比上一年增长了多少？

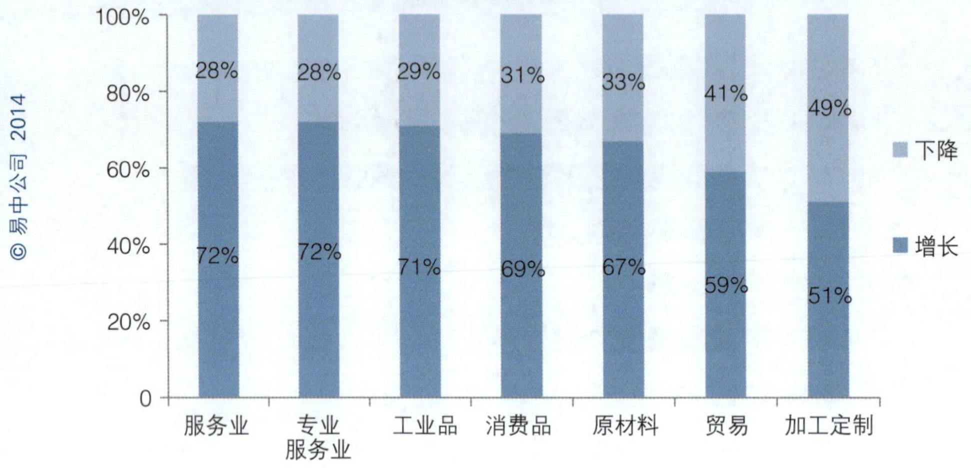

税前利润增长覆盖率最高的是服务业和专业服务业，其中，专业服务业同时也是收入增长覆盖率最高的行业。

加工定制业和贸易行业的利润增长覆盖率最低，仅有 51% 和 59% 的受访企业表示，其税前利润在 2013 年有所增长。这些行业受出口受挫、劳动力成本上涨影响，利润下降最直接。

图表 34　大西北地区税前利润增长的覆盖率最高

问：贵企业 2013 年税前利润额相比上一年增长了多少？

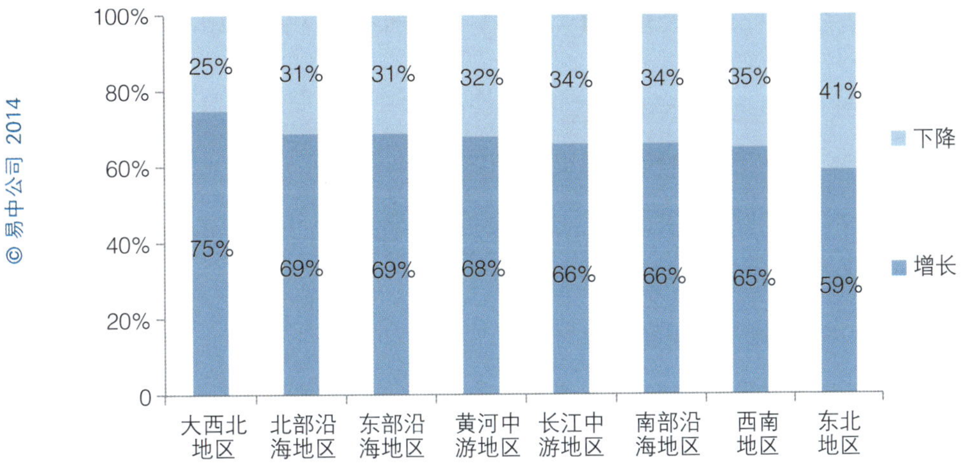

税前利润增长覆盖率最高的是大西北地区，有 75% 的受访企业利润额增加了。它同时也是收入增长覆盖率最高的地区，收入增长覆盖率达 63%。

东北地区税前利润增长的覆盖率最低，仅有 59% 的受访企业表示，其税前利润在 2013 年有所增长。同时，东北也是收入增长覆盖率最低的地区，有 30% 的受访企业表示其 2013 年收入下降了。

3 半数以上的中小企业赢利能力“不及格”

图表 35　58% 的企业赢利能力“不及格”

问：贵企业 2013 年销售利润率（= 税前利润 / 营业额）约为多少？

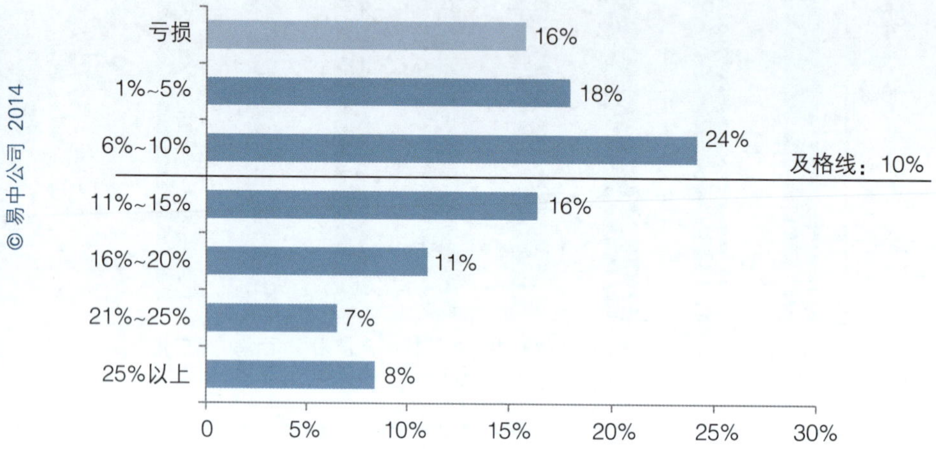

按照销售利润率水平划分，我们把销售利润率（= 税前利润 / 营业额）在 0~5% 之间的视为微利，15% 以上的视为高赢利，比例越高，企业的赢利能力就越强。

这其中，我们又以 10% 作为分界线，企业销售利润率在 10% 以上的，赢利能力为“及格”；反之，赢利能力就为“不及格”。

调查显示，近六成的中小企业，销售利润率低于 10%，赢利能力“不及格”。这其中，亏损的企业占 16%，微利经营的企业占 18%。

而实现高赢利的受访企业仅占 26%，中小企业的赢利能力还有待提升。

图表 36　贸易业的赢利能力最弱，三成企业仅为微利经营

问：贵企业 2013 年销售利润率（= 税前利润 / 营业额）约为多少？

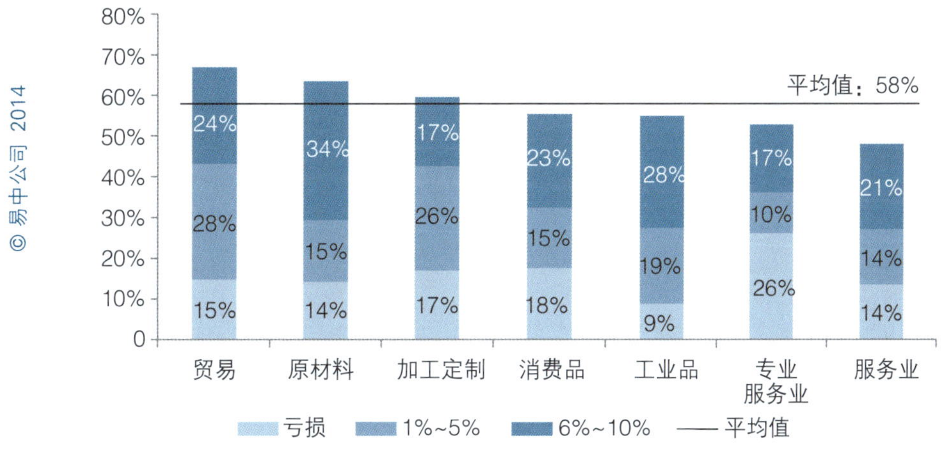

赢利能力最弱的三个行业分别是：贸易、原材料和加工定制业。它们中均有 60% 以上的受访企业销售利润在 10% 以下，也就是说它们中有六成企业赢利能力“不及格”。微利经营比例最高的行业是贸易和加工定制业，分别有 28% 和 26% 的受访企业维持微利经营。

这些行业赢利能力不强，不单单与自身企业经营情况有关，还与行业特点有关，我们可以将贸易业、原材料、加工定制业企业的销售利润率“及格线”适当调低为 5%，同时可以把服务业企业的销售利润率“及格线”调高为 15%，这是由服务业整体发展势头迅猛决定的。

出人意料的是，亏损覆盖率最高的行业是专业服务业，这一数字比其他行业高出近 10 个百分点。

图表 37 服务业中高赢利企业比例最高

问：贵企业 2013 年销售利润率（= 税前利润 / 营业额）约为多少？

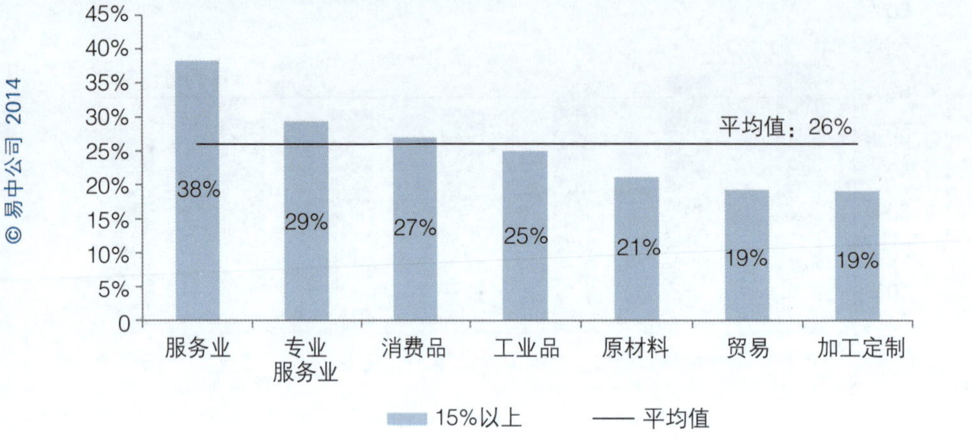

观察“销售利润率大于 15%”的数据，我们可以发现，服务业中高赢利企业比例最高，占 38%，其次是专业服务业（29%）和消费品（27%）。这三个行业与日常消费息息相关，重复消费的可能性更大。

加工定制业和贸易业中，高赢利的企业比例最低，仅为 19%，远低于平均线（26%）。

易中公司一直提倡做产品的企业要尝试“产品服务化”，从调查中我们可以看出，不仅整个经济在向第三产业转移，第三产业的效益也是相对较高的。

4 六成企业现金流不安全，多半企业不善于理财

图表 38 六成以上企业，其现金流支撑不过半年

问：假设贵企业从现在起收入为 0，现有的现金能支撑公司活多久？

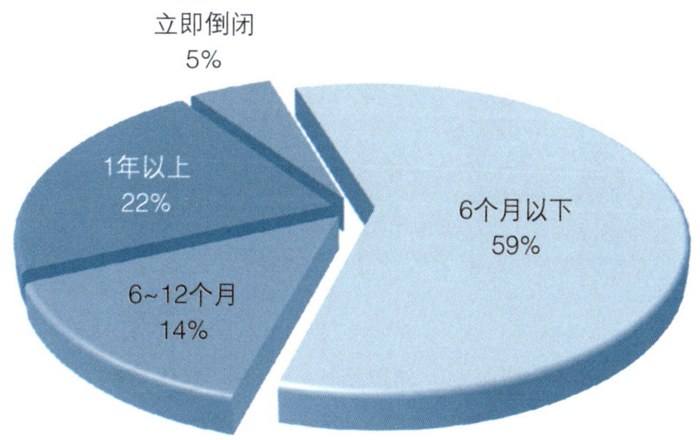

易中认为，在没有任何收入的情况下，现有的现金流能够支撑企业活半年以上，才能在企业经营困难的时候，有足够的时间思考应对之策。如果现金流能够支撑企业存活 1 年以上，则企业抵抗风险的能力更强，企业更健康。

我们可以将现金支撑超过半年的企业，视为越过“安全线”，将现金支撑超过 1 年的企业，视为越过“健康线”。

按照这个标准，大多数中小企业的现金流管理都不安全，有 59% 的受访企业表示，其现有的现金流无法支撑企业活过 6 个月，还有 5% 的受访企业甚至表示，一旦断了收入，企业将会立即倒闭。

而现金流管理不健康的企业比例则更高，有近八成的中小企业，其现金支撑超不过 1 年。仅有 22% 的受访企业现金流可以支撑企业活过 1 年。

总的来说，中小企业普遍面临着现金流不安全、不健康的问题，这在一定程度上，加大了企业的风险系数，影响企业的稳健经营。

图表 39　原材料行业现金流最健康，加工定制业现金流最不安全

问：假设贵企业从现在起收入为 0，现有的现金能支撑公司存活多久？

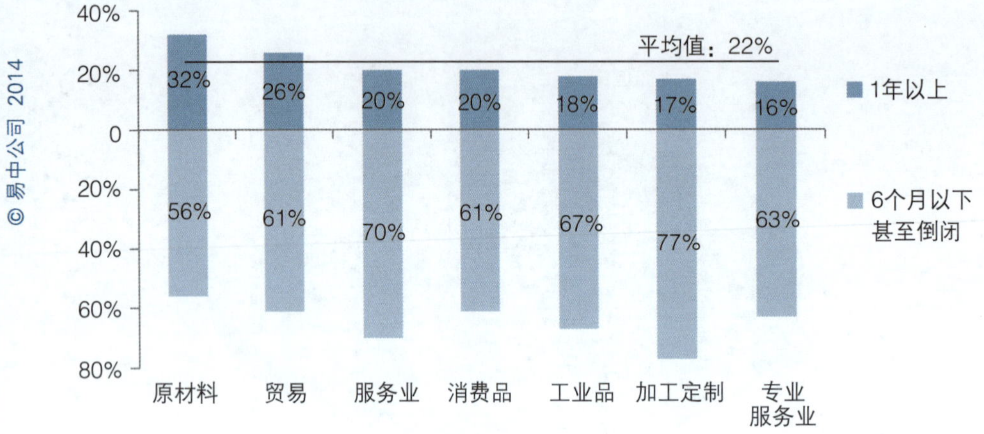

原材料是所有行业中现金流最健康的行业，有 32% 的受访企业表示其现金流可支撑企业活过 1 年，比 22% 的平均线高出 10 个百分点。其次是贸易业，高出平均线 4 个百分点。

加工定制业的现金流最不安全，它们不能找下家要预收款，买材料还要垫付，有 77% 的受访企业表示，其现金流无法支撑企业活过 6 个月，其次是服务业（70%）和工业品行业（67%）。

图表 40　北部沿海企业现金流最健康，西北和西南地区企业现金流最不安全

问：假设贵企业从现在起收入为 0，现有的现金能支撑公司活多久？

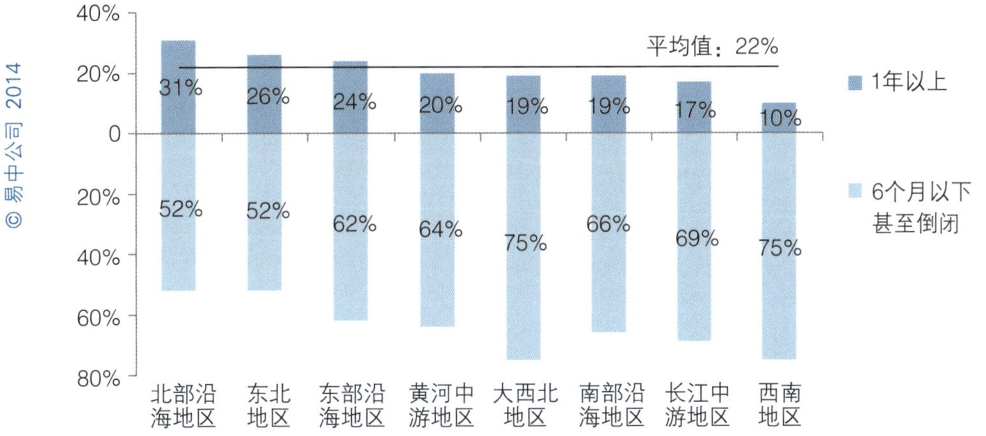

北部沿海地区的中小企业现金流相对健康，有 31% 的受访企业其现金流可支撑企业活过 1 年，其次是东北地区（26%）和东部沿海地区（24%），这三个行业均高出 22% 的平均线。

大西北和西南地区的中小企业现金流最不安全，有 75% 的受访企业表示，其现金流无法支撑企业活过 6 个月，其次是长江中游地区（69%）和南部沿海地区（66%）。

图表 41　半数以上中小企业不善于理财

问：贵企业利用现金进行投资理财的利率是多少？

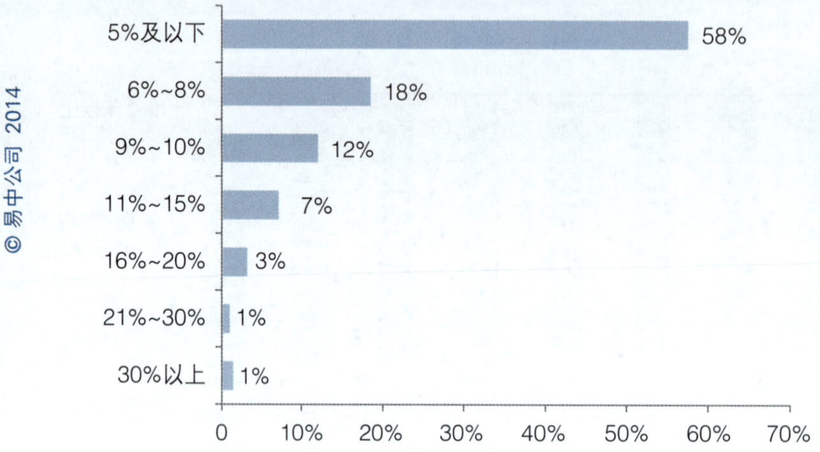

在保持安全、健康的现金流基础上，企业也应该对这些资金进行账户管理，通过理财手段，盘活手里的现金，获得长期稳定的收益。

易中认为，如果投资理财获得的收益低于 5%，则为不善于理财。如果投资理财获得的收益高于 10%，则这家企业存在放高利贷的风险，因为现在已经很难找到既安全又高回报的投资理财渠道了。

调查显示，中小企业盘活手中流动资金的能力还很有限，半数以上的中小企业都不善于理财，它们的理财收益不超过 5%，最高也仅为定存收益。

同时，有 12% 的受访企业理财收益大于 10%。这些企业盘活流动资金的能力比较强，但需要严控高收益下的潜在风险，加强本金管理，获得安全、稳健的理财收益。

图表 42　加工定制企业最不善于理财，服务业企业理财收益更高

问：贵企业利用现金进行投资理财的利率是多少？

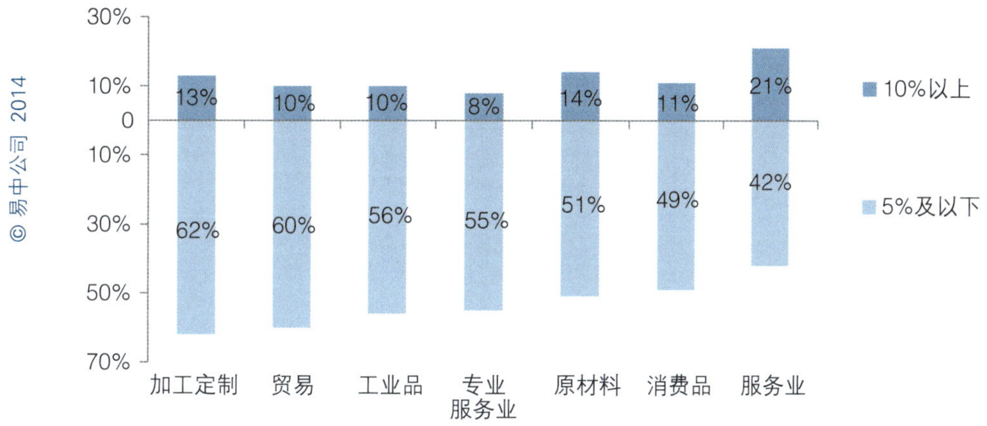

各行业企业盘活流动资金的效率均不高，均有一半左右的企业投资理财收益不超过 5%。

其中，加工定制业企业投资理财能力最差，有 62% 的受访企业理财收益不超过 5%。

此外，服务业企业最善于投资理财，有 21% 的受访企业理财收益超过 10%，这一数字比其他行业高出至少 7 个百分点。

图表 43　大西北企业最不善于理财，长江中游企业理财收益更高

问：贵企业利用现金进行投资理财的利率是多少？

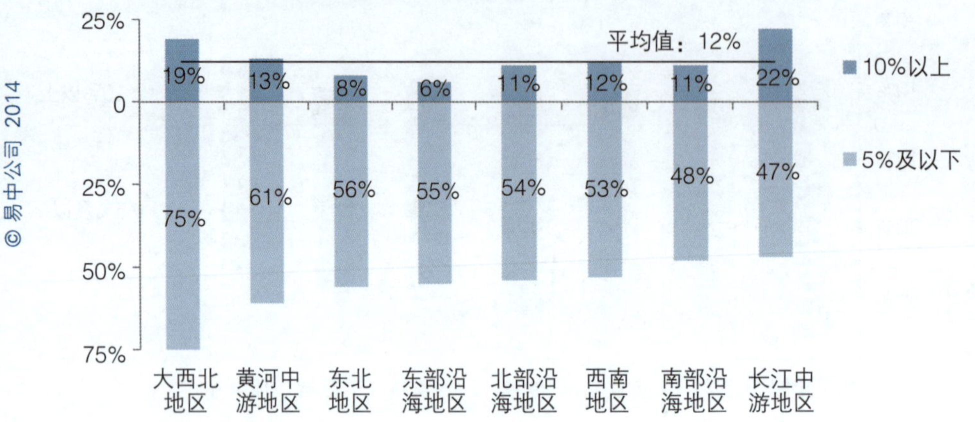

与行业不同，各地区企业盘活流动资金的效率差异较大，大西北地区中有75% 的受访企业投资理财收益不超过 5%，而长江中游地区，这一数字仅为 47%。上文提到，大西北地区现金流管理最不完善，支撑企业活不过 6 个月的企业比例最高，而资金量的大小，直接决定了投资渠道的多寡，资金量越大，投资渠道也越多，更容易获得高收益。

长江中游地区企业最善于投资理财，有 22% 的受访企业理财收益超过 10%，这一数字高于平均线（12%）10 个百分点。

5 负债经营仍很普遍，两成企业正在“吸毒”

图表 44　负债经营仍很普遍，但有所下降

问 1：2012 年，贵企业是否有外部借款?

问 2：贵企业目前的负债率 (= 借款 / 营业额) 是多少?

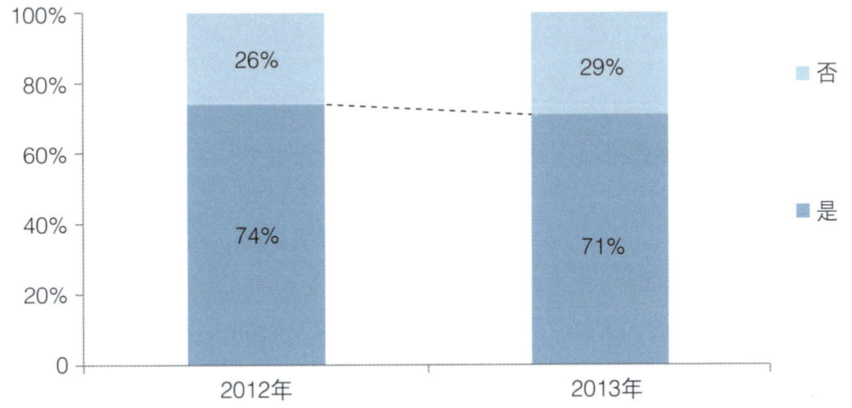

在严控财务风险的前提下，负债经营是缓解资金短缺的有效手段。但负债经营是一把“双刃剑”，企业必须控制到期支付的压力和风险，赢得偿还时间，把负债经营掌握在可控范围内。

2013 年中小企业负债经营的情况仍很普遍，但较 2012 年度，已经稍有下降。2013 年有 71% 的受访企业在负债经营，这一数字比 2012 年的 74% 低 3 个百分点。

图表 45　七成企业负债经营，十分之一的企业过度负债

问：贵企业目前的负债率（= 借款 / 营业额）是多少？

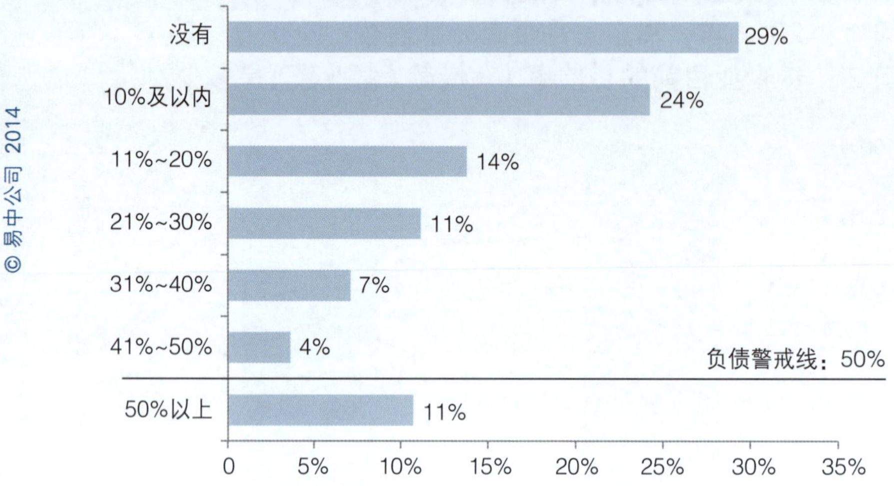

易中认为，50% 的负债率（= 借款 / 营业额）是中小企业经营的警戒线，超过 50% 则为过度负债，风险很大，中小企业应该严格控制。

调查显示，负债率超过 50% 的受访企业占 11%，这个比例意味着，有 1/10 的中小企业面临着极大的经营风险，一旦失去偿债能力，企业将随时陷入困境。

图表 46　原材料和贸易行业过度负债的企业最多

问：贵企业目前的负债率（= 借款 / 营业额）是多少？

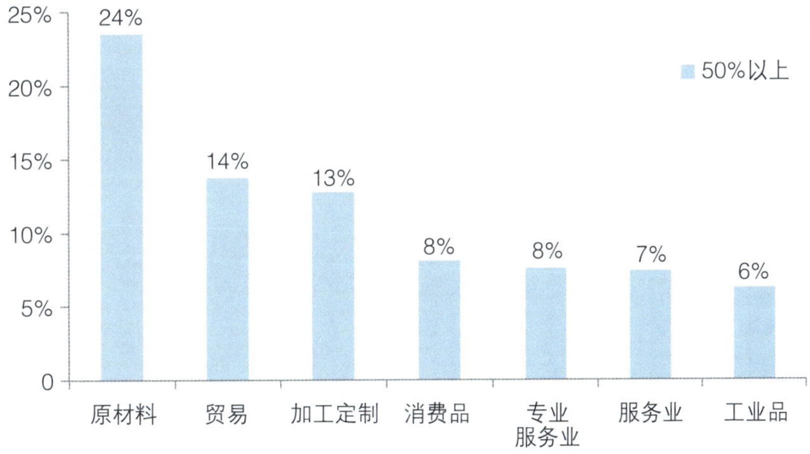

原材料行业中，企业过度负债的情况最为普遍，24% 的受访企业负债率超过了警戒线（50%），这一数字比其他行业高至少 10 个百分点。

与此相对应，工业品行业里过度负债的企业最少，负债率超过 50% 的受访企业仅占 6%，工业品行业同时也是税前利润额增长排列第三的行业，经营整体稳健。

图表 47　西南地区过度负债的企业最多

问：贵企业目前的负债率（= 借款 / 营业额）是多少？

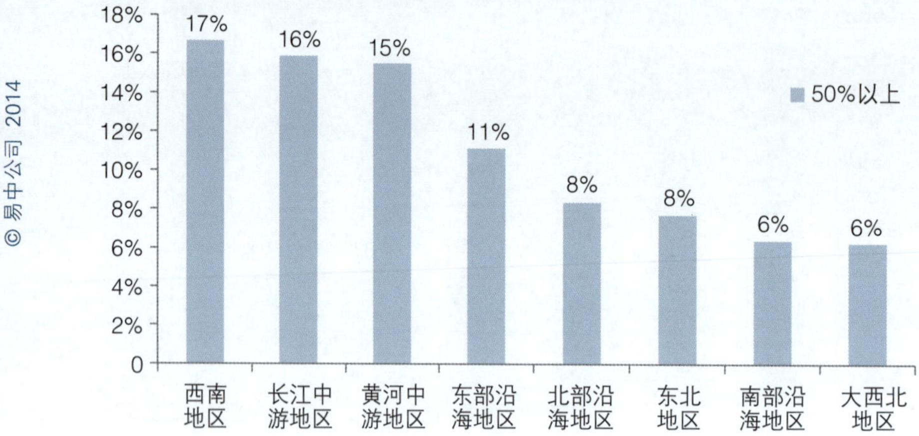

西南地区中，企业过度负债的情况最为普遍，有 17% 的受访企业负债率超过了 50%，其次是长江中游地区（16%）和黄河中游地区（15%）。这三个数字明显比其他地区高，是企业过度负债的高发区。

同时，西南地区的中小企业也普遍存在现金流盘活率不高（有 75% 的受访企业表示，其现金流无法支撑企业活过 6 个月）、不善于投资理财的问题（有 53% 的受访企业投资理财收益不超过 5%），这在一定程度上，迫使他们不断提高负债率，以渡过眼前难关。

图表 48　7% 的企业借款利率超过 15%，它们正在“吸毒”

问：贵企业借款的利率是多少？

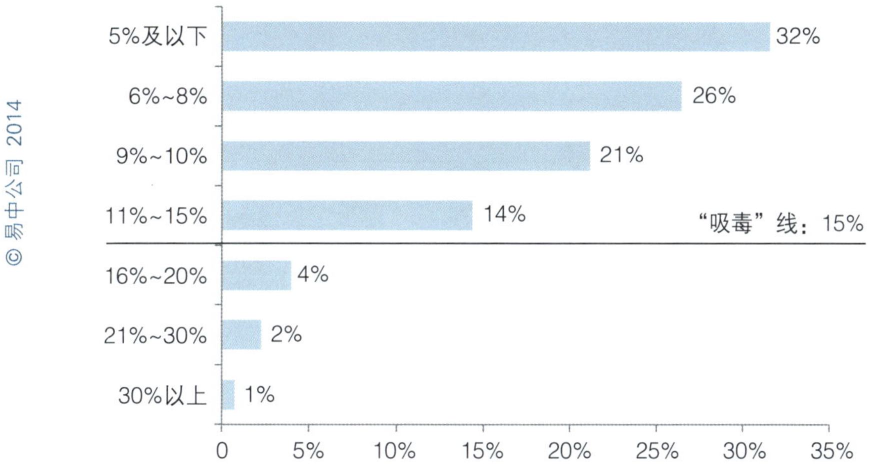

易中认为，一家企业的借款利率，如果超出自身的偿债能力，则这个企业是在“吸毒”，企业会越陷越深，直至资金链断裂，资不抵债，最终倒闭。

调查显示，7% 的受访企业正在“吸毒”，它们的借款利率超过 15%，这些企业很可能为了还债，铤而走险，膨胀经营，最终走向崩溃的边缘。在我们的咨询案例中，我们经历了一些这样的企业，对当事人来说，这是一件非常痛苦的事情。

图表 49　消费品行业"吸毒"的企业最多

问：贵企业借款的利率是多少？

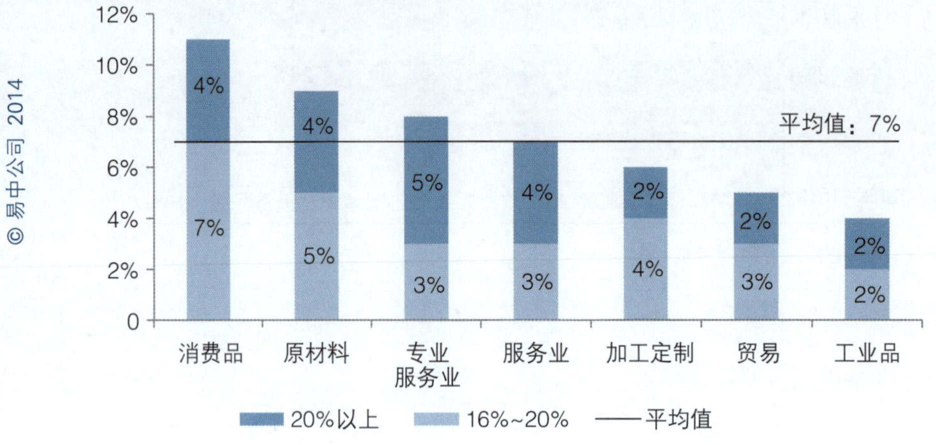

消费品行业里"吸毒"的企业最多，有 11% 的受访企业借款利率超过 15%，其次是原材料（9%）和专业服务业行业（8%）。

原材料同时也是过度负债情况最为严重的行业，24% 的受访企业负债率超过 50%。该行业暗含很大的经营风险，一方面它们对负债的依赖性太强，另一方面它们的借款利率普遍太高。

图表 50　长江中游和黄河中游地区“吸毒”的企业最多

问：贵企业借款的利率是多少？

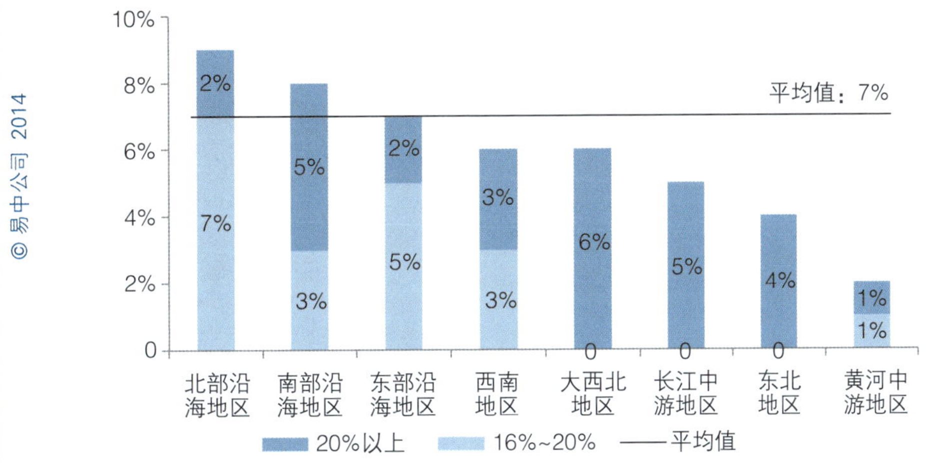

观察“借款利率超过15%的数据”我们发现，经济发达的沿海地区（北部沿海、东部沿海、南部沿海），“吸毒”情况严重，至少有7%以上的受访企业借款利率在这一范围，比其他行业都高。这三个地区高利贷盛行，借贷观念开放，在银行贷款成为稀缺资源时，中小企业更容易向高利贷寻求帮助。

易中建议，中小企业在面对扩张诱惑时，不妨先缓一缓，通过夯实企业的经营能力，提高企业的赢利能力，在做强的基础上逐渐做大，拒绝百害而无一利的高利贷。

6 投资热情被再次激发，员工人数将有较大增长

图表 51　中小企业的投资热情被再次激发

问：2012 年、2013 年、2014 年贵企业是否在继续投资？

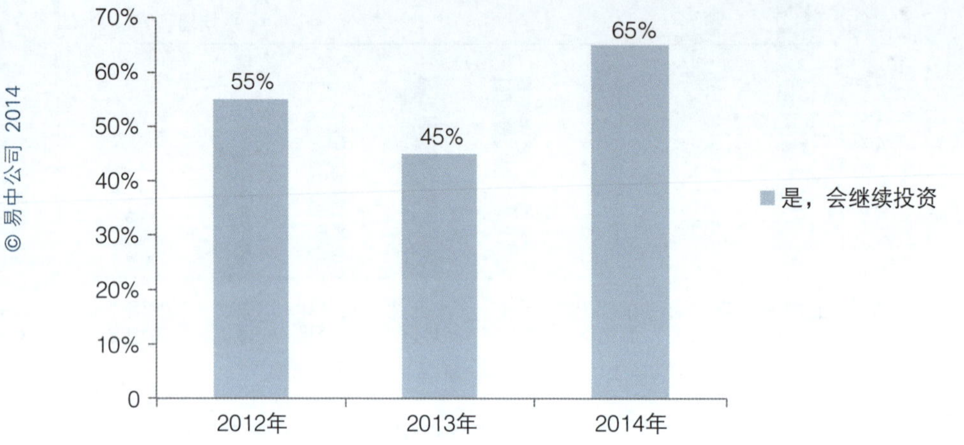

中小企业的投资热情，在经历了 2013 年的小幅压抑之后，于 2014 年被再次激发出来。在 2013 年仅有 45% 的受访企业会继续投资，而在 2014 年，打算继续投资的企业比例上升至 65%，增幅明显。

图表 52　37% 的中小企业为了扩张而投资
问：2014 年贵企业是否有新的投资？

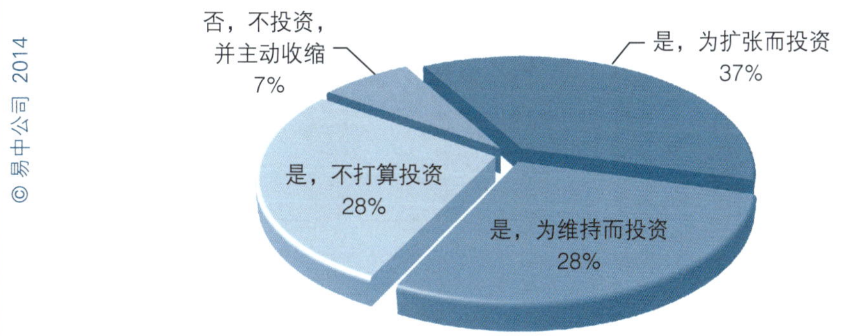

其中，有 37% 的受访企业是为了扩张而投资，28% 的受访企业是为了维持经营而投资，不打算投资的企业比例仅为 28%，同时，也有 7% 的受访企业会采取收缩策略，不会投资。

中小企业投资意愿整体性增加的情况，也从侧面印证了 2014 年中小企业经营状况在持续好转，外部经营环境也在稳步回暖的过程中。

图表 53 贸易行业投资意愿最强，加工定制业投资意愿最弱

问：2014 年贵企业是否有新的投资？

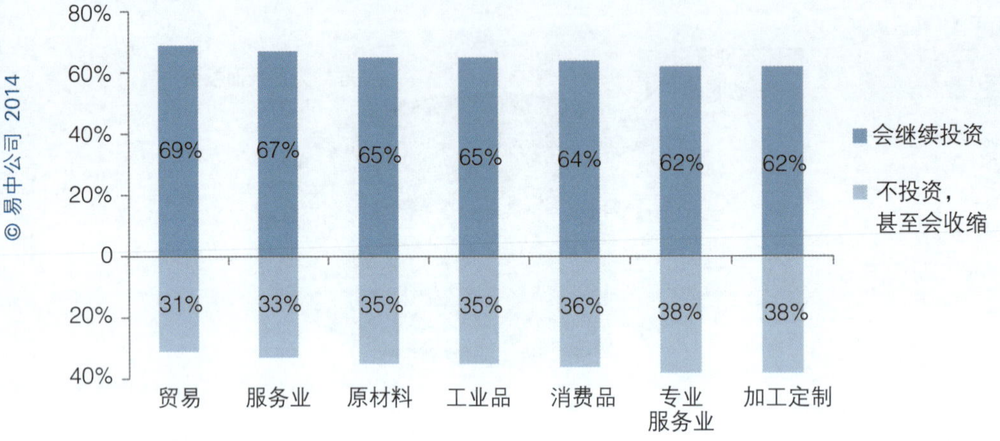

贸易行业 2014 年投资意愿更加强烈，有 69% 的受访企业会在 2014 年继续投资。其次是服务业（67%）和原材料行业（65%）。服务业是赢利能力最强的行业，贸易是现金流较为充裕的行业，这些行业在 2014 年继续投资的热情更高涨。

加工定制业和专业服务业的投资热情相对较低，仅有 62% 的企业会在 2014 年继续投资，其中，加工定制业收缩迹象明显，有 14% 的受访企业会在 2014 年主动收缩。

值得注意的是，专业服务业在 2014 年增员的积极性最高，但进行投资扩张的积极性并不高，这说明专业服务业人才是关键。

图表 54　内陆企业继续投资意愿强烈，沿海地区继续投资意愿较弱

问：2014 年贵企业是否有新的投资？

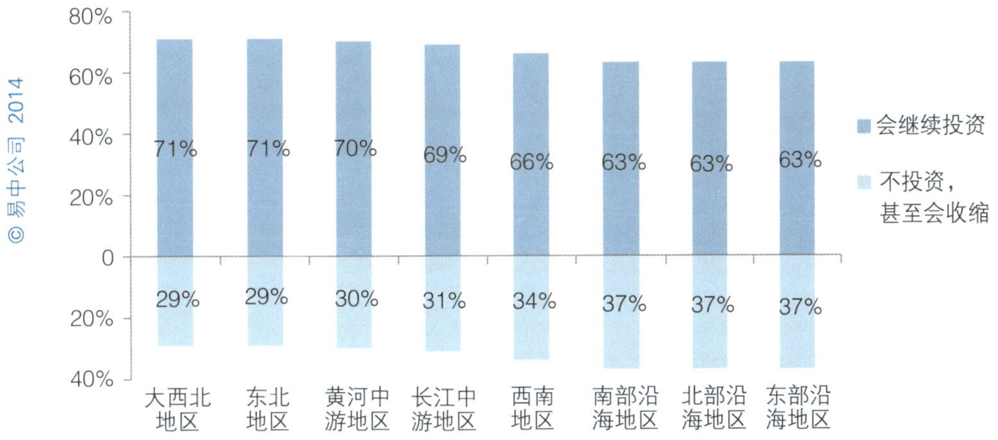

观察各个地区的投资意愿，我们发现一个有意思的规律：三个沿海地区的中小企业，不再是继续投资的“主角”，取而代之的是内陆地区（大西北地区 71%、东北地区 71%、黄河中游地区 70%）的中小企业，2014 年，它们的投资意向更为强烈。

此外，东北地区和西南地区中，打算收缩的企业比例最高，分别为 13% 和 10%。

图表 55　2013 年中小企业员工数量趋于稳定

问：贵企业 2012 年年末与 2013 年年末的员工人数与年初相比情况如何？

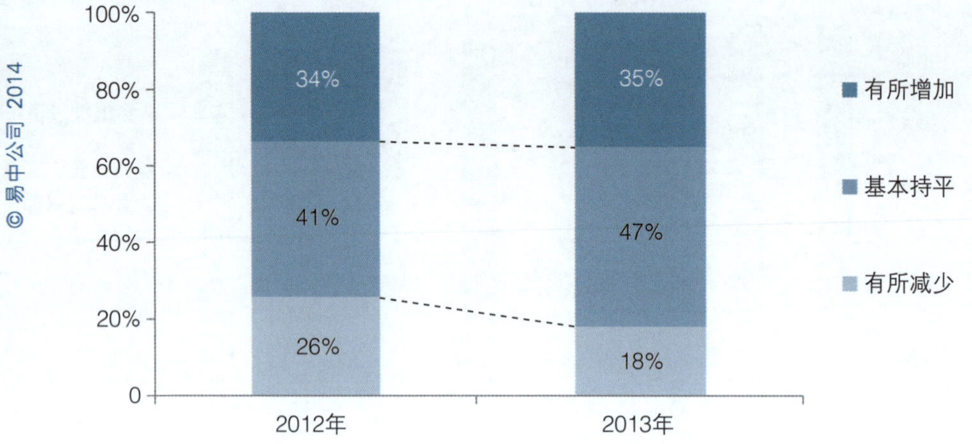

与 2012 年相比，2013 年中小企业员工人数趋于稳定，员工人数基本持平的企业比例从 2012 年的 41% 提高到 2013 年的 47%，而人数增加的企业比例基本没变，维持在 34%~35%。

这意味着，在 2012 年员工人数大幅度减少之后，中小企业在 2013 年稳定了下来，员工进出较为平衡。

图表 56　专业服务业增员的情况最多

问：贵企业 2013 年年末的员工人数与年初相比情况如何？

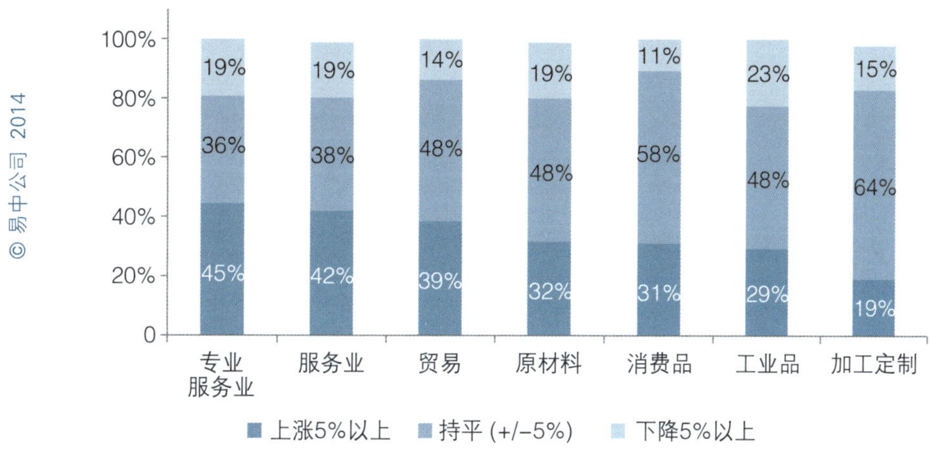

专业服务业里，有 45% 的受访企业员工人数上涨超过 5%，为各行业最高。其次是服务业（42%）和贸易（39%），这三个行业均高于平均值（35%）。

加工定制业企业中，员工人数比较平稳，64% 的受访企业员工数量与年初基本持平。

而工业品行业中，员工人数下降的企业比例最大，为 23%。该行业的员工收缩情况最严重。

图表 57　员工人数下滑多因企业主动裁员

问：贵企业 2013 年员工人数下滑的主要原因是什么？

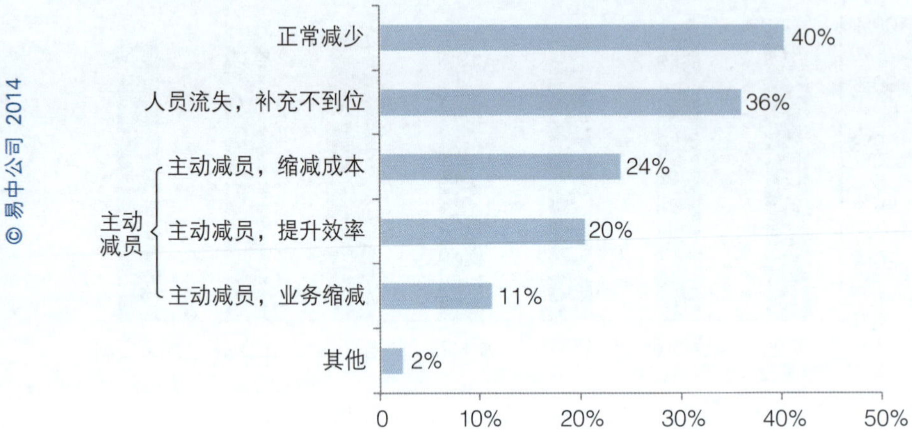

在员工人数下滑的主要原因中，排在前三位的是："主动减员"（55%）、"正常减少"（40%）、"人员流失，补充不到位"（36%）。这说明 2013 年中小企业在人员扩张上比较谨慎，主动对员工人数进行合理控制。

"主动减员"里包括"主动减员，缩减成本"（24%）、"主动减员，提升效率"（20%）、"主动减员，业务缩减"（11%）。缩减成本是企业主动减员的主要原因。

"人员流失，补充不到位"反映出企业招聘能力有限；而"正常减少、主动减员"反映出企业在 2013 年采取了主动收缩的策略。

图表 58　2014 年中小企业员工人数将有较大幅度增长

问 1：贵企业 2013 年年末的员工人数与年初相比情况如何？

问 2：2014 年贵企业员工数量计划是多少？

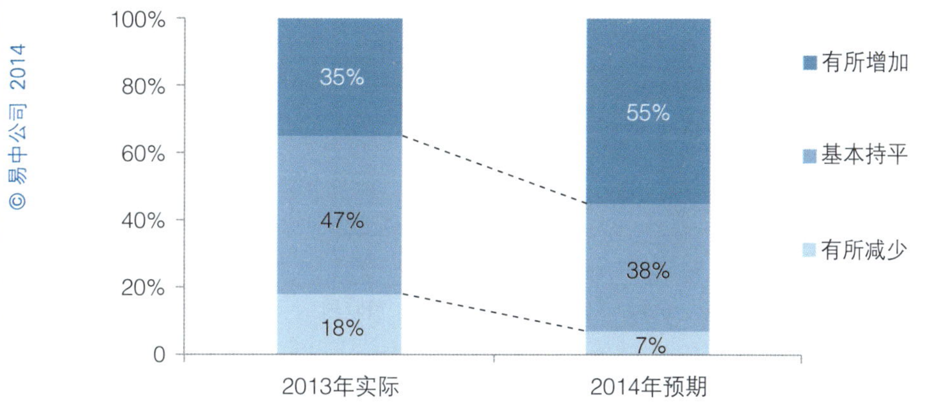

在 2013 年员工人数止跌回稳的情况下，2014 年中小企业将再次扩充员工人数，在问到 2014 年贵企业有何计划时，55% 的受访企业会增加员工人数，仅有 7% 的受访企业会减少员工人数。同时，预计员工人数将会基本持平的企业比例也下降为 38%，中小企业将迎来新的员工人数增长点。

图表 59　2014 年，专业服务业的增员意向最突出

问：2014 年贵企业员工数量计划是多少？

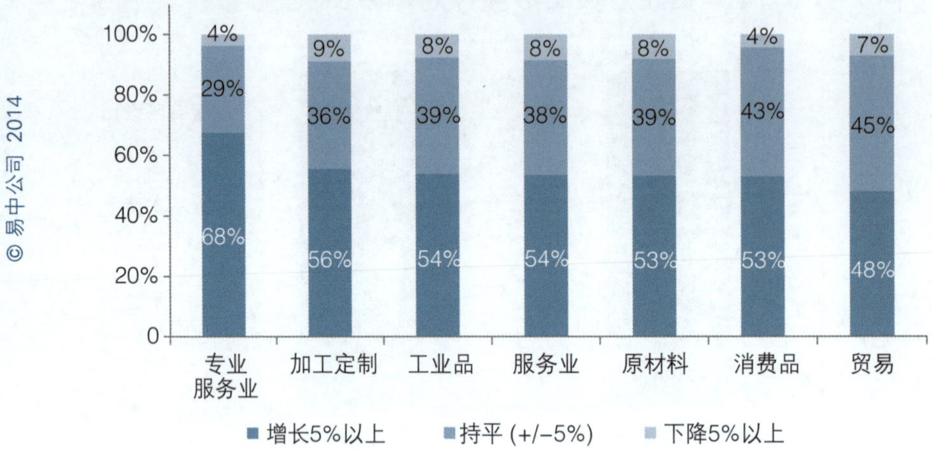

专业服务业企业扩充员工数量的意愿，在 2014 年表现得更加突出。2014 年，有 68% 的专业服务业企业表示，其员工人数会有 5% 以上的增加，为各行业最高。

专业服务业属知识密集型行业，对人才的依赖性比其他行业都高，为了可持续发展，它们必须打一场艰巨的人才争夺战。

而贸易业企业，在 2014 年扩充员工数量的意愿最低，仅有 48% 的受访企业会在 2014 年增加 5% 的员工。

7 对2014年的经营预期明显高于2013年企业实际

图表60　43%的中小企业预期2014年的经营状况比较好或非常好

问：您预计贵企业2014年总体经营状况将会如何？

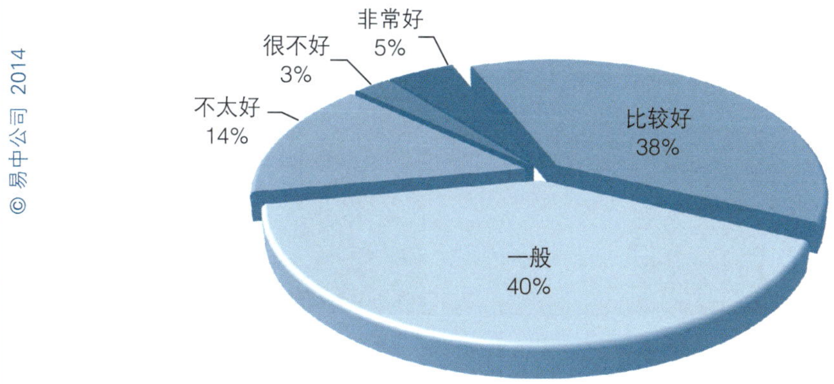

43%的企业“看好”自己公司2014年的经营状况。其中5%的企业预期“非常好”，38%的企业预期“比较好”。只有17%的企业“不看好”2014年的经营状况，其中3%的企业预期“很不好”，14%的企业预期“不太好”。

“看好”2014年的企业比“不看好”的大幅超出26%，这说明中小企业对今年的形势比较乐观，这也和易中公司为大量中小企业做培训和咨询服务时的感受一致。

图表 61　预计 2014 年经营状况，将明显好于 2013 年企业实际

问：贵企业 2013 年总体经营状况如何？预计 2014 年总体经营状况将会如何？

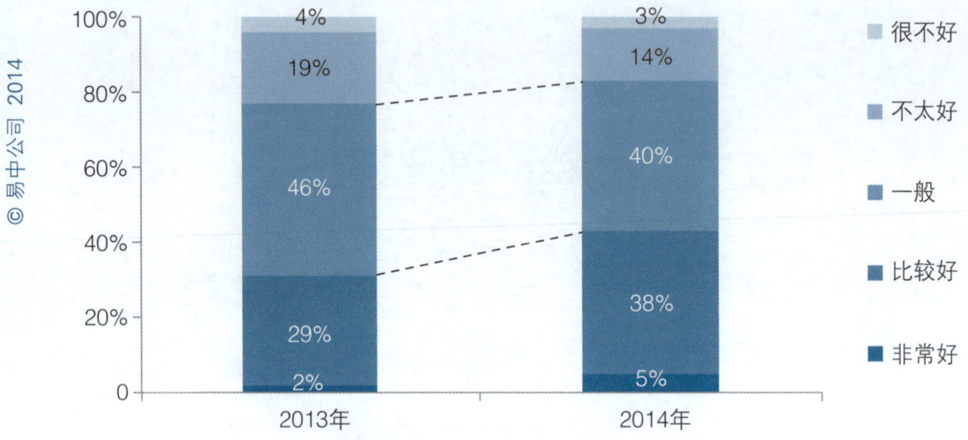

2014 年预期与 2013 年实际相比，对未来“看好”的比例均高于对未来“不看好”的比例。认为自己经营将会“非常好”的比例从 2% 涨到 5%，认为“比较好”的比例从 29% 大幅度增加到 38%，而认为“不太好”的比例则从 19% 下降到 14%，“很不好”的比例从 4% 下降到 3%。

这些数据表明，在经过两年左右的低谷后，中小企业对未来的期望开始回暖，而且回暖的幅度不小。

图表 62　专业服务业最看好 2014 年，加工定制和贸易业最不看好

问：您预计贵企业 2014 年总体经营状况将会如何？

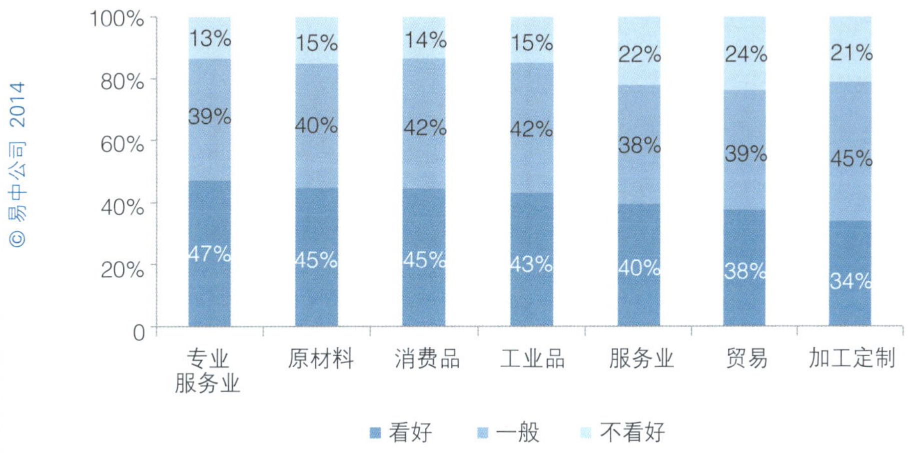

专业服务、原材料和消费品行业“看好”2014 年企业经营，“看好”的比例高于平均值，分别为 47%、45%、45%。加工定制、贸易和服务业“看好”的比例则没有达到平均值，分别只有 34%、38% 和 40%。

反之，贸易、服务业、加工定制行业对未来的企业经营“不看好”的比例远高于平均值，分别为 24%、22%、21%，而相应的比例在专业服务、原材料和消费品行业仅有 13%、15% 和 14%。

工业品行业在行业对比中相对中性，“看好”的和“不看好”的比例分别为 43% 和 15%。

图表 63 北部沿海地区最看好 2014 年，长江中游地区最不看好

问：您预计贵企业 2014 年总体经营状况将会如何？

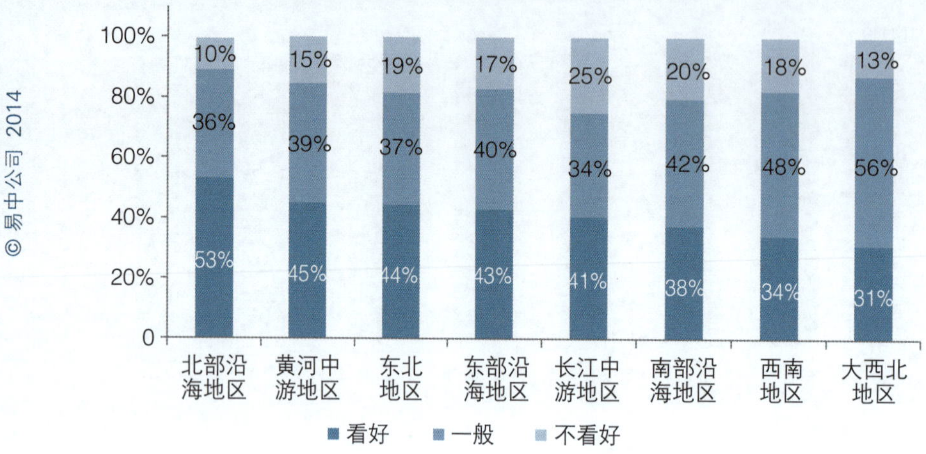

北部沿海地区有 53% 的企业“看好”2014 年的经营，其次是黄河中游地区和东北地区，分别为 45%、44%。

长江中游地区最“不看好”企业未来经营，比例高达 25%，其次是南部沿海地区，有 20% 的企业“不看好”。

图表 64　预计 2014 年收入增长，将明显好于 2013 年企业实际

问 1：贵企业 2013 年营业额相比上一年度增长多少？

问 2：贵企业预计 2014 年营业额增长多少？

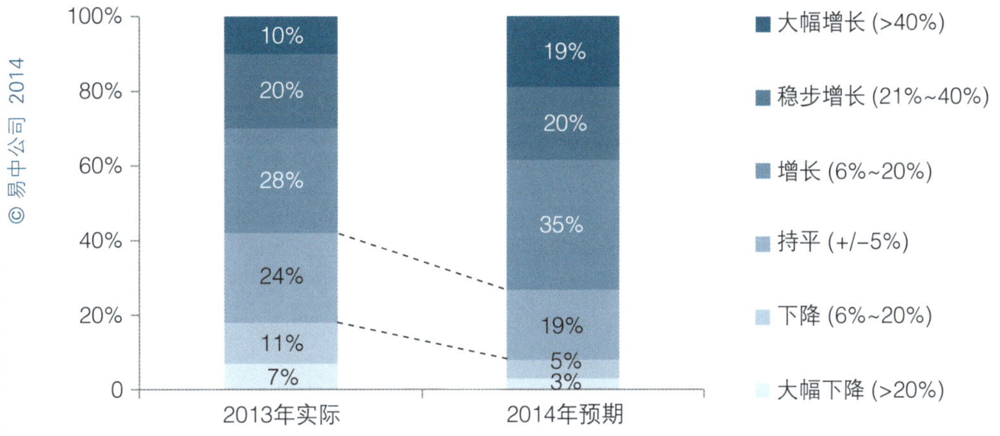

74% 的企业预计 2014 年营业额会有不同程度的“增长”，其中预计增长超过 40%、20% 的企业分别有 19%、39%。只有 8% 的企业预计 2014 年营业额会“下降”，下降超过 20% 的企业仅占 3%。

这一预期，大大好于 2013 年实际收入增长情况，这也从另一方面印证了中小企业对 2014 年整体预期向好的数据。

图表 65　原材料行业预计 2014 年营业额增长的企业比例高达 81%

问：贵企业预计 2014 年营业额增长多少?

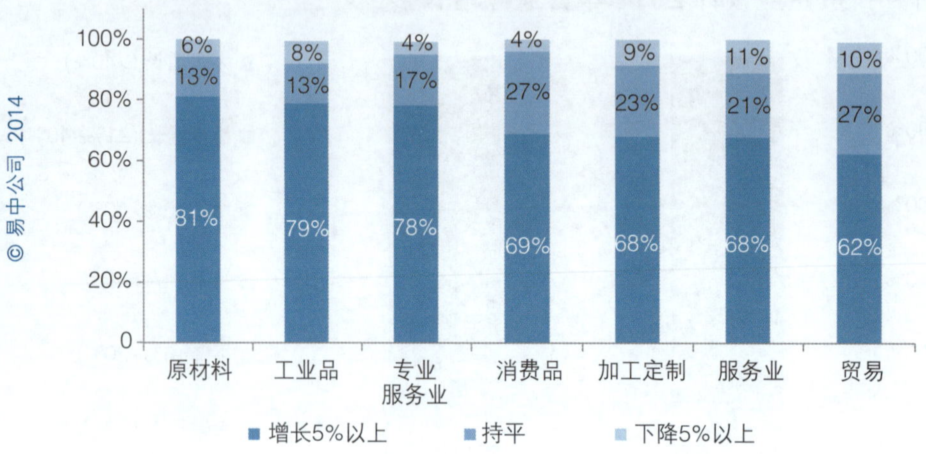

原材料行业预计 2014 年营业额“增长”的企业比例最高，为 81%，其次是工业品和专业服务行业，分别为 79%、78%，均高于平均值。

服务业和贸易行业的大部分企业预计会有增长，预计增长的比例分别为 68% 和 62%，但远低于各行业的平均值。同时这两个行业预计 2014 年营业额“下降”的企业比例最高，分别为 11%、10%，均高于平均值。

图表 66　北部沿海地区预计 2014 年营业额增长的企业比例高达 80%

问：贵企业预计 2014 年营业额增长多少?

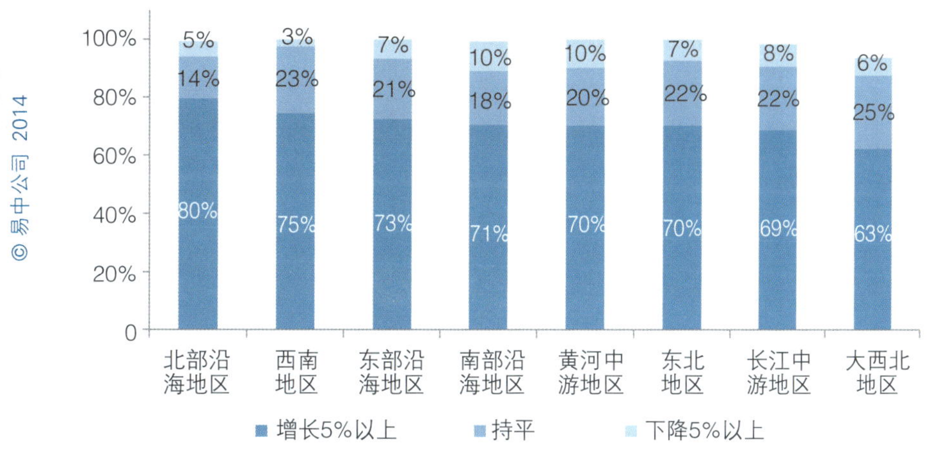

北部沿海地区预计 2014 年营业额“增长”的企业比例最高，为 80%，其次是西南和东部沿海地区，分别为 75%、73%，均高于平均值。

南部沿海和黄河中游地区预计 2014 年营业额“下降”的企业比例最高，均为 10%，高于平均值。

图表 67　预计 2014 年税前利润增长，将明显好于 2013 年企业实际

问 1：贵企业 2013 年税前利润额相比上一年增长多少?

问 2：贵企业预计 2014 年税前利润额增长多少?

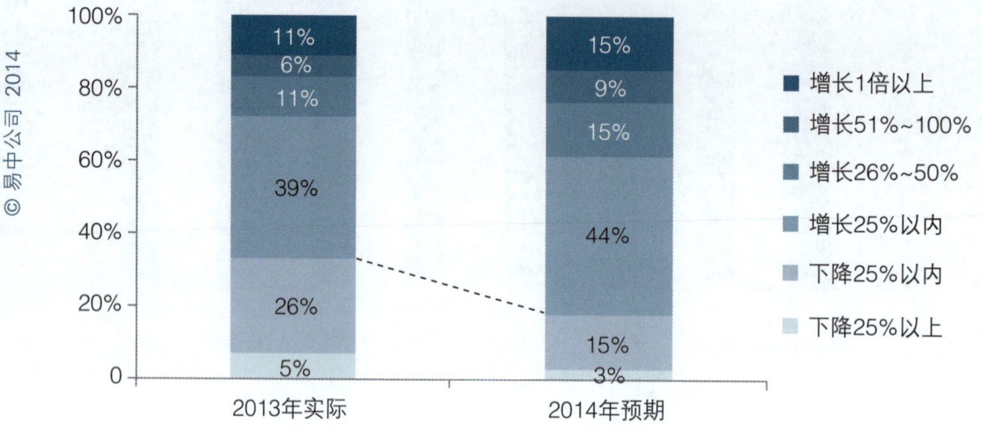

83% 的企业预计 2014 年税前利润额会有不同程度的“增长”，其中大部分（44%）利润增长在 25% 以内。令人兴奋的是，有 12% 的企业预计利润增长 1~3 倍，3% 的企业甚至超过 3 倍。

同时，有 18% 的企业预计 2014 年税前利润额会“下降”，其中 3% 的企业预计利润会下降超过 25%。

这一预期，也大大好于 2013 年实际税前利润增长情况，这也从另一个角度印证了中小企业看好 2014 年的整体趋势。

图表 68　专业服务业预期 2014 年税前利润增长的企业比例高达 89%

问：贵企业预计 2014 年税前利润额增长多少？

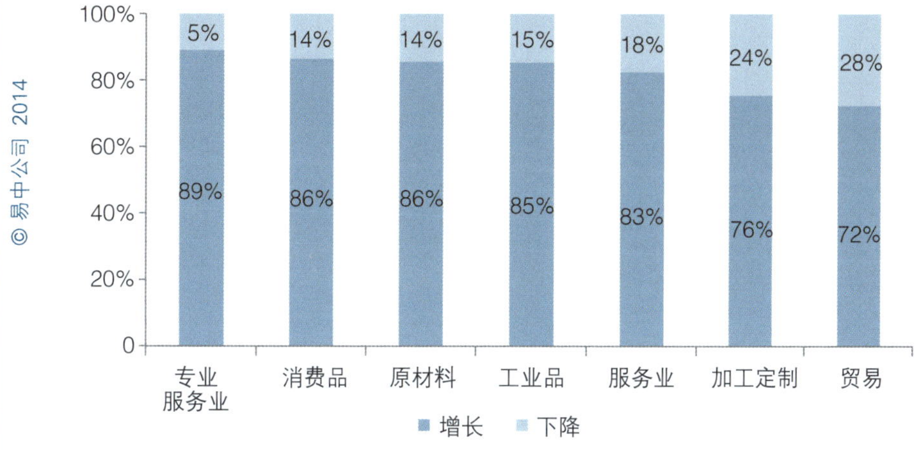

专业服务业中，预计 2014 年税前利润额“增长”的企业比例最高，为 89%。只有加工定制和贸易行业预期税前利润额“增长”的企业比例低于平均值，分别为 76% 和 72%。

同时贸易行业预计税前利润额“下降”的企业比例最高，为 28%，其次是加工定制行业的 24%，均高于平均值。

图表 69 北部沿海地区预期 2014 年税前利润增长的比例高达 90%

问：贵企业预计 2014 年税前利润额增长多少?

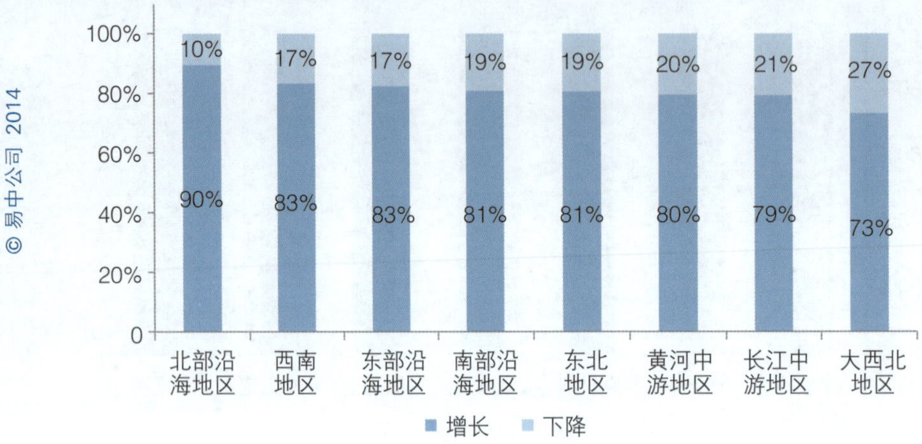

北部沿海地区预期 2014 年税前利润额“增长”的企业比例最高，为 90%。除大西北地区仅有 73% 外，其他地区相差不大。

相对应的大西北地区预期税前利润额“下降”的企业比例最高，为 27%，其次是长江中游地区和黄河中游地区，分别为 21%、20%，均高于平均值。

D. 成长潜力指数仅为29：非常艰难但已有改进意识

客户、产品、技术，这三点构成了中小企业成长的基本维度。客户主要是指新客户开发和老客户回头率；产品主要是指新产品收入和老产品收入；而技术是指企业在研发人员和研发费用上的投入。建议中小企业都算算这几个数字，并持续关注，这样对企业未来发展更有把握。

图表 70 企业成长潜力“三维度”

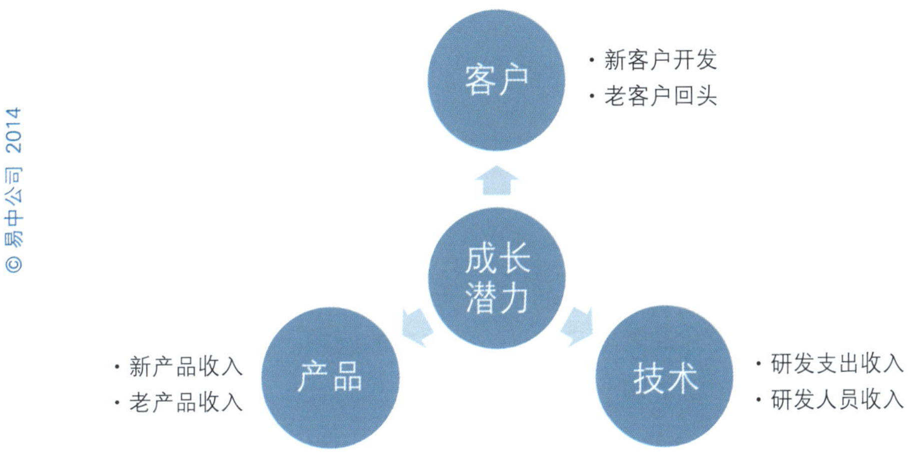

1 老客户留不住：近六成中小企业的老客户回头率不足 60%

图表 71 近六成中小企业的老客户回头率不足 60%

问：贵企业 2013 年老客户回头率（再次购买的客户比例）是多少？

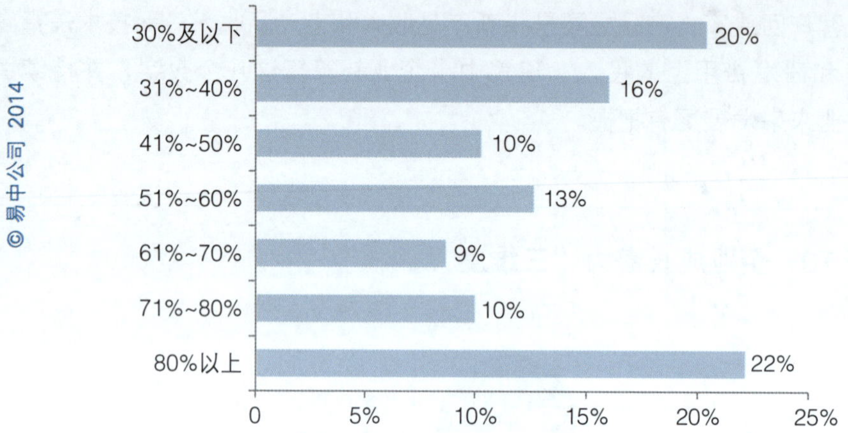

20% 的企业老客户的回头率不到 30%，59% 的企业老客户回头率在“60% 以下”。老客户回头率在“80% 以上”的只有 22%，在 70% 以上的只有不到 1/3。

这说明大部分中小企业在老客户管理上有很大的问题。根据易中的经验，这也是大部分中小企业利润率低下的一个主要原因。

易中数据表明，优秀企业的老客户回头率达到 80% 以上，但仅有 22% 的中小企业能达到这个标准。

图表 72　服务业老客户回头率最低，加工定制行业老客户回头率最高
问：贵企业 2013 年老客户回头率（再次购买的客户比例）是多少？

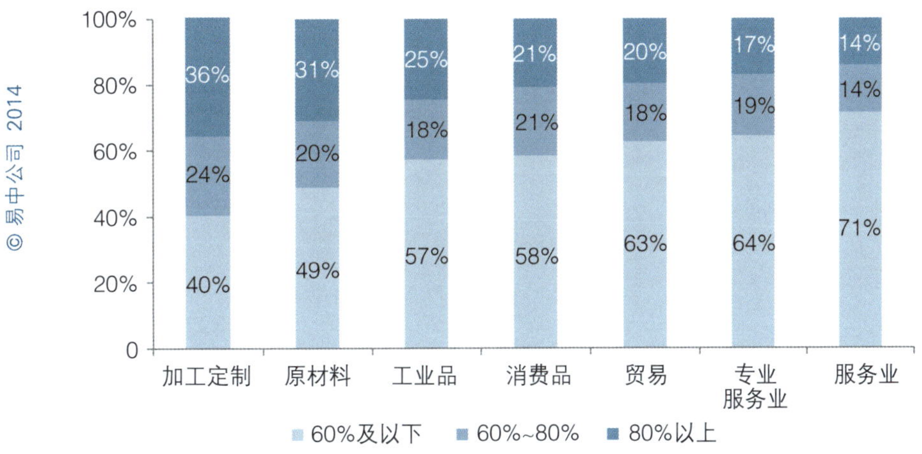

加工定制行业的老客户回头率最高，60% 的企业的老客户回头率在“60% 以上”，这与该行业的客户主要是企业客户有关。

服务行业的老客户回头率最低，71% 的企业的老客户回头率在“60% 以下”，这与行业的服务特性有关，也反映出服务企业急需提升客户服务的满意度。

专业服务行业也面临很大的老客户问题，64% 的企业客户回头率低于 60%，甚至 34% 的企业的老客户回头率在“30% 及以下”，为各行业最高。根据易中的经验，专业服务业企业客户流失率高的主要原因是，这些企业的专业服务人员缺乏足够的专业水平和服务意识。

图表 73　东北地区老客户回头率最低，东部沿海老客户回头率最高

问：贵企业 2013 年老客户回头率（再次购买的客户比例）是多少？

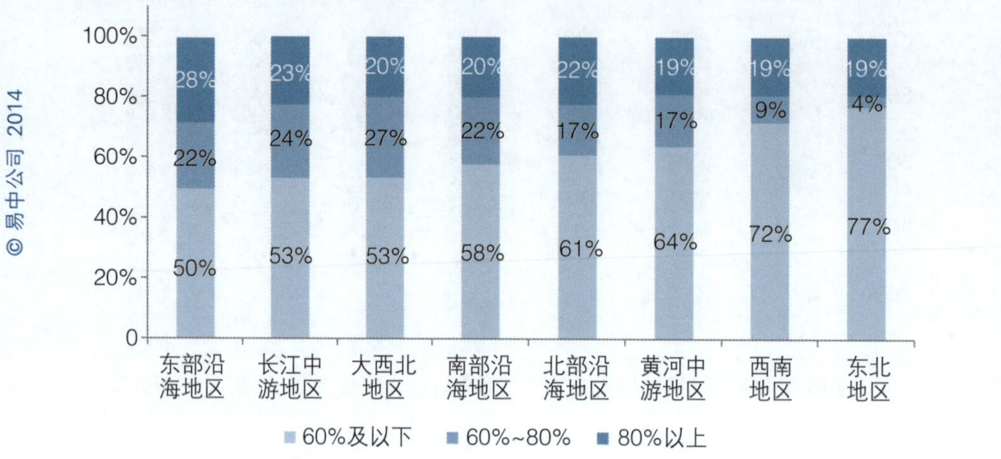

东部沿海地区的老客户回头率最高，50% 的企业的老客户回头率在“60% 以上”，其次是长江中游地区和大西北地区。

东北地区的老客户回头率最低，77% 的企业的老客户回头率在“60% 以下”，其中，35% 的企业的老客户回头率在“30% 及以下”。

2 新客户难得到：超六成中小企业的新客户收入占比不足 20%

图表 74　超六成中小企业的新客户收入占比不足 20%

问：贵企业 2013 年新客户营业额占总营业额的比例是多少？

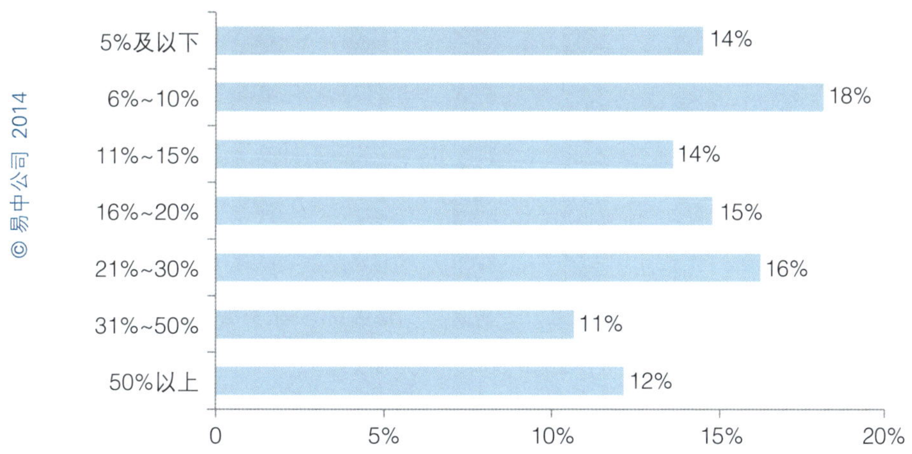

61% 的企业新客户营业额贡献不足总营业额的 20%，其中 32% 的企业的新客户营业贡献在“10% 以下”。

易中数据表明，优秀企业新客户的收入贡献通常不低于 30%。只有源源不断的加入新客户，企业才能不断成长。按照这个标准，只有 23% 的中小企业做到了这一点。

图表 75　加工定制业的企业新客户营业贡献最低，专业服务业最高

问：贵企业 2013 年新客户营业额占总营业额的比例是多少？

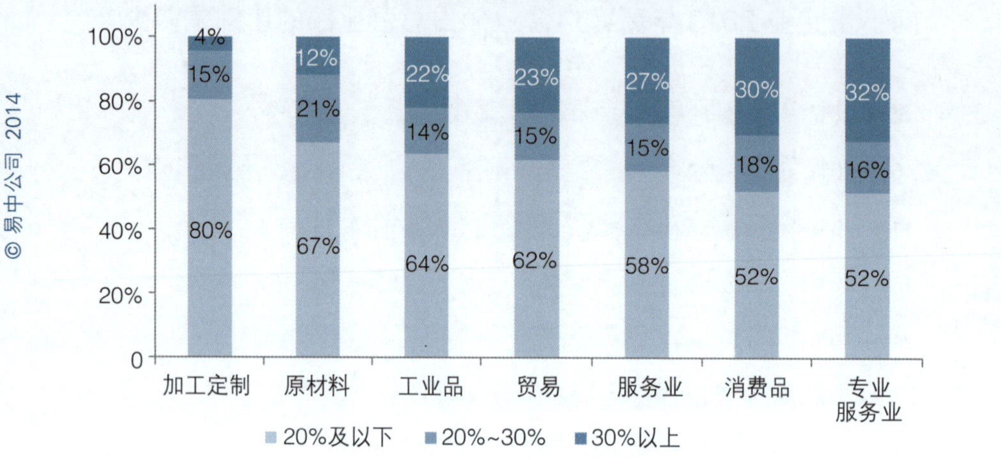

加工定制行业的新客户营业额贡献最低，80% 的企业的新客户营业额占比在“20% 及以下”，只有 4% 的企业的新客户营业额占比在“30% 以上”。其次是原材料和工业品行业。这些行业通常客户数量有限，新客户开发更加困难，更依赖老客户回头的贡献。

专业服务业和消费品是新客户营业贡献最大的行业，分别有 32%、30% 的企业的新客户营业额占比在“30% 以上”。这和这些行业客户数量较多、留住老客户不容易有直接关系。

图表 76　东北地区企业的新客户营业贡献最低，西北和西南地区最高

问：贵企业 2013 年新客户营业额占总营业额的比例是多少？

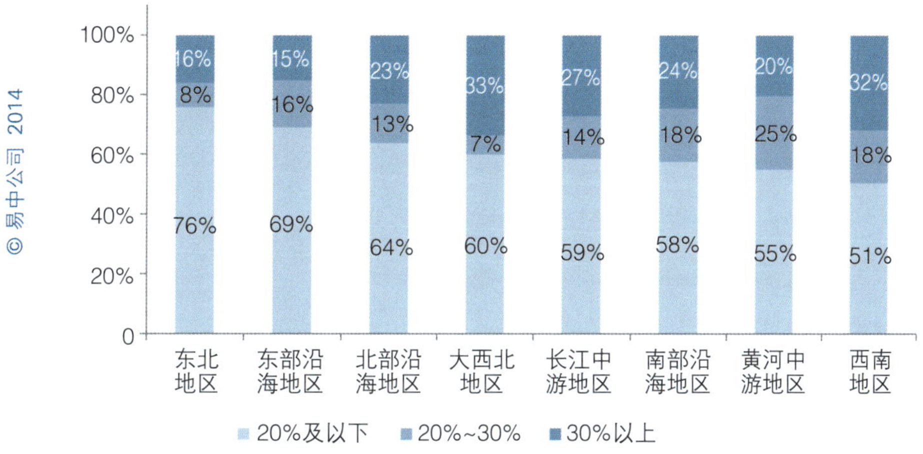

东北地区企业的新客户营业额贡献最低，有 76% 的企业的新客户贡献在“20% 及以下”，有 16% 的企业的新客户贡献在“30% 以上”。其次是东部沿海地区，有 69% 的企业的新客户贡献在“20% 及以下”，有 15% 的企业的新客户贡献在“30% 以上”。

大西北地区和西南地区分别有 33%、32% 的企业的新客户营业额占比在“30% 以上”，均高于平均值。

老客户是企业保持发展的基础，而赢得更多的新客户才能让企业在保持原来规模的基础上不断地增长。也就是说，不断获得新客户是让企业长期活下去的一个根本条件。

在不考虑产品创新和老客户变大的情况下，易中建议，每个公司新客户数量占客户总量之比应该尽量超过 20%，这样才能保证企业持续有所增长。

新客户对企业的长期发展如此重要，那么，企业应该如何获得新客户呢？

图表 77 客户推荐是最常用的新客户获取办法

问：贵企业得到新客户的办法是什么？

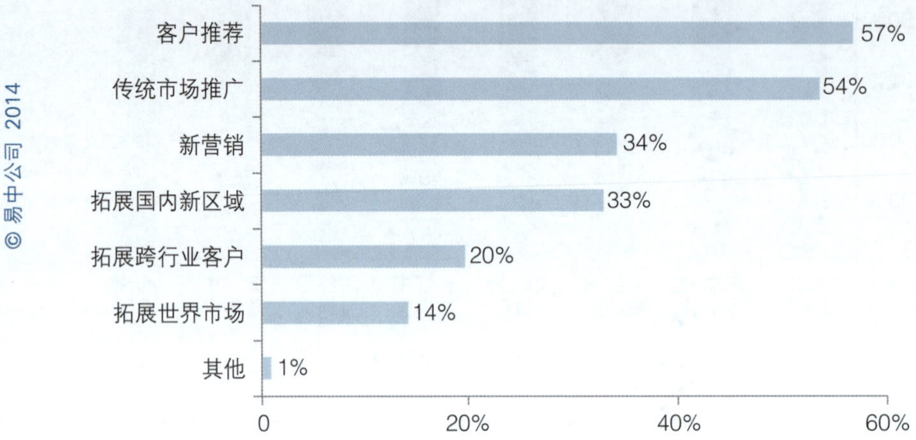

在新客户的获取渠道上，“客户推荐”（57%）是企业最常用的办法，其次是“传统市场推广”（54%）。尽管越来越多的企业开始重视基于互联网和移动互联网的“新营销”手段，其效果还是无法和传统方式相比。仅 34% 的企业通过“新营销”获取新客户，和通过“拓展国内新区域”的做法基本相同（33%）。

越来越多的中小企业通过“拓展世界市场”获得国外的新客户，这个比例达到了 14%，相信随着企业实力的增强，未来会有更多的中小企业加入拓展世界市场的行列。

图表 78　客户推荐和传统市场推广是中小企业获取新客户的主要渠道

渠道 行业	客户推荐	传统市场推广	新营销	拓展国内新区域	拓展跨行业客户	拓展世界市场
专业服务业	66%	49%	47%	25%	25%	3%
工业品	62%	50%	24%	43%	21%	25%
贸易	57%	62%	44%	21%	18%	10%
加工定制	55%	51%	17%	38%	21%	26%
服务业	55%	58%	44%	24%	20%	3%
原材料	49%	52%	24%	38%	15%	20%
消费品	43%	57%	32%	46%	14%	18%

各个行业的中小企业获取新客户的主要渠道均是“客户推荐”和“传统市场推广”，其中，专业服务业、工业品行业“客户推荐”的企业比例高于平均值，分别为66%、62%，贸易行业采用“传统市场推广”的企业比例相对最高，为62%。

专业服务业、贸易和服务业也非常重视利用“新营销”拓展新客户，分别有47%、44%、44% 的企业采用。

消费品和工业品行业的企业非常重视“拓展国内新区域”，分别是46% 和43%。

加工定制和工业品企业则更重视“拓展世界市场”，比例分别达到26% 和25%，远超过平均值（14%）。

图表 79　各区域得到新客户的方式不尽相同

地区＼渠道	客户推荐	传统市场推广	新营销	拓展国内新区域	拓展跨行业客户	拓展世界市场
长江中游	64%	58%	41%	33%	27%	9%
西南	61%	66%	29%	19%	24%	11%
南部沿海	58%	47%	27%	41%	16%	17%
东部沿海	56%	48%	35%	35%	20%	21%
黄河中游	55%	69%	45%	23%	18%	8%
北部沿海	52%	47%	35%	33%	19%	14%
东北	52%	59%	22%	37%	19%	7%
大西北	38%	50%	50%	25%	13%	0

除大西北地区外，各个地区的中小企业获取新客户的主要渠道均是“客户推荐”和“传统市场推广”，其中，长江中游和西南地区“客户推荐”的企业比例高于平均值，分别为64%、61%，黄河中游和西南地区采用“传统市场推广”的企业比例相对最高，分别为69%、66%。大西北地区的企业更多采用“传统市场推广”和“新营销”。

内陆地区的企业利用“新营销”拓展新客户的企业比例更高，如大西北（50%）、黄河中游（45%）和长江中游地区（41%）。

南部沿海地区的企业也非常重视“拓展国内新区域”（41%），非常重视国内市场需求的开发。

南部沿海和东部沿海地区是最重视“拓展世界市场”的地区，分别有17%和21%。这和这些区域的地理位置及企业成熟度有直接的关系。

3 中小企业的产品市场占有率普遍不高，新产品收入贡献小幅提升

图表 80　中小企业主导产品的市场占有率普遍不高

问：贵企业主导产品的市场占有率是多少？

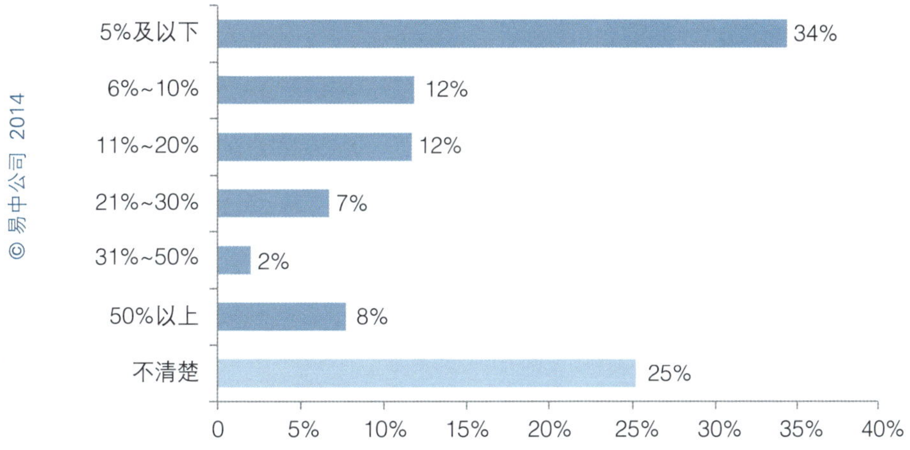

一般来说，企业主导产品市场占有率的高低，决定了这家企业在细分行业的排名。主导产品的市场占有率越高，企业面临的竞争压力就越小，产品同质化的情况也就越不突出。

调查显示，中小企业主导产品的市场占有率普遍不高，仅有 8% 的受访企业表示，其主导产品占据一半以上的市场份额，另有 9% 的受访企业表示其主导产品的市场份额为 21%~50%；与之相对应的，六成（58%）的受访企业都表示，其主导产品的市场份额在 20% 以下，更有 1/3 受访企业表示，其主导产品的市场占有率低于 6%。

此外，也有 1/4 的受访企业并不清楚自己产品的市场占有率是多少，这一方面说明中小企业对产品市占率的关注还不够，另一方面也显示出低产品市场占有率的情况，可能会更加严重。

图表 81　中小企业新产品营业额贡献总体较低

问：贵企业 2013 年新产品营业额占总营业额的比例是多少？

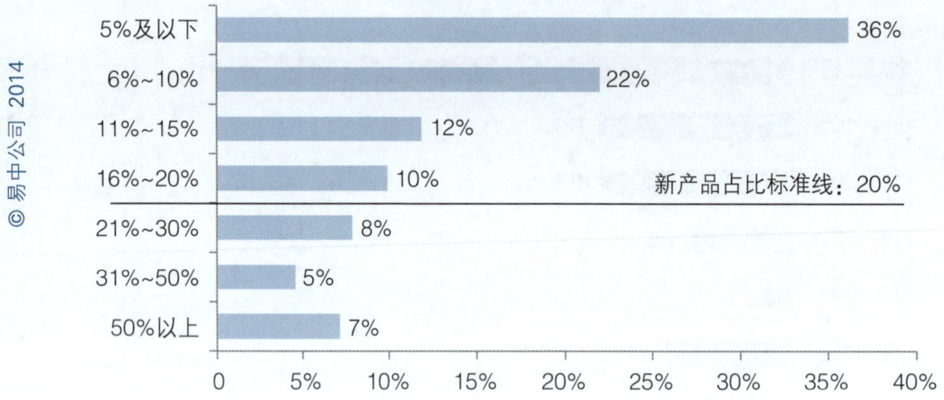

新产品开发是企业生存和发展的根本保证，易中建议，一个企业新产品带来的收入最好不要低于 20%，目前只有 20% 的受访企业能够做到这一点，同时有近四成受访企业（36%）表示，其新产品带来的收入不足 6%。这说明，中小企业的新产品开发和推广工作，仍然面临不小的挑战。

图表 82　新产品收入贡献比例小幅攀升

问：贵企业 2012 年、2013 年新产品营业额占总营业额的比例是多少？

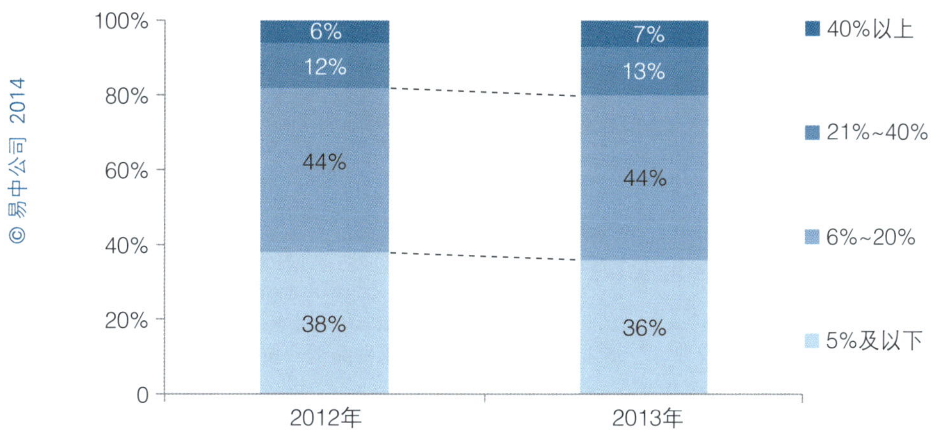

对比两年数据我们可以发现，中小企业的新产品收入贡献在小幅提升。新产品收入超过 20% 的企业比例从 2012 年的 18% 上升到 2013 年的 20%；同时，新产品收入不足 6% 的受访企业比例，也下降了 2 个百分点。

事实上，在中国平均每小时就有两个新产品推上市场，同时又至少有两个产品退出市场，也就是说新产品上市并不难，难的是上市后能存活多久，是否能持续带来收入？中小企业距离“20% 的新产品收入”这个目标虽然还有一定距离，但我们也应该看到在两年数据对比背后，2013 年新产品收入贡献也在小幅度提升。

图表 83　加工定制业的新产品营业额最低，消费品行业最高

问：贵企业 2013 年新产品营业额占总营业额的比例是多少？

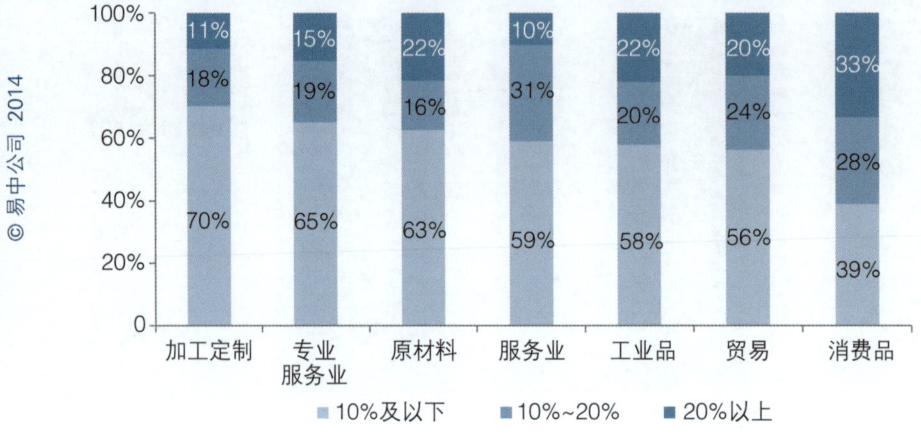

加工定制企业的新产品收入贡献最低，有 70% 的受访企业表示，其新产品带来的收入仅占“10% 及以下”；其次是专业服务业，有 65% 受访企业的新产品收入贡献在“10% 及以下”。加工定制业的新品开发受制于委托方，一定程度上阻碍了新品研发和推广的步伐。

消费品和贸易两个行业的新产品收入贡献最高，特别是消费品行业，有 61% 的受访企业表示，其新产品收入贡献超过了 10%；其中，更有 33% 的受访企业表示，其新产品收入贡献超过 20%，远远超过了全行业平均值（20%）。这与此行业需要不断推出新品、迎合客户多样需求有关。

值得注意的是，在新产品收入贡献上，服务业虽然不是全行业中表现最差的，但却在新产品高收入贡献上表现不佳：仅有 10% 的受访企业表示，其新产品收入超过了 20%，这一数字明显低于其他行业。

图表 84　西南地区企业新产品营业贡献最低，南部沿海地区最高

问：贵企业 2013 年新产品营业额占总营业额的比例是多少？

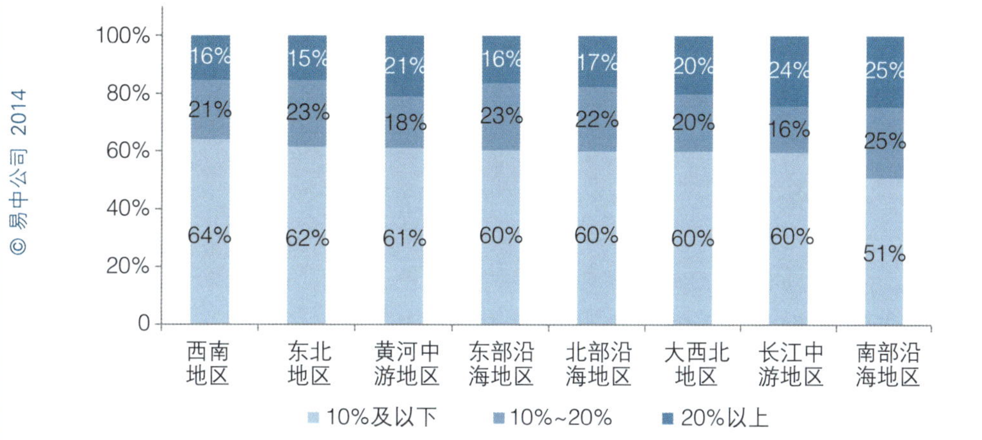

内陆企业（东北地区、西南地区）的新产品收入贡献普遍偏低。按照新产品收入应该超过 20% 这个标准来看，东北地区仅有 15% 的受访企业过了这个标准线，表现最差，其次是西南地区（16%）。

三个沿海地区（南部沿海地区、北部沿海地区、东部沿海地区）企业的新产品收入情况相对较好，特别是南部沿海地区，有一半的受访企业表示其新产品带来的收入超过 10%。

从地区来看，新产品收入贡献率与地区经济发达程度有关，地区经济越发达，新产品开发和推广力度越大，带来的收入也更多。

易中观点：新产品是中小企业的未来，没有新产品企业势必越做越小。提高新产品成功率的一个有效办法是：在老产品大幅赢利的时候就开始研发新产品，乘胜追击，让利润交替上升，企业稳健运营。

4 创新已成中小企业经营管理常态，转型升级是2014年主题

图表 85　管理方法改进是最常见的创新形式

问：2014年贵企业将进行哪些创新？

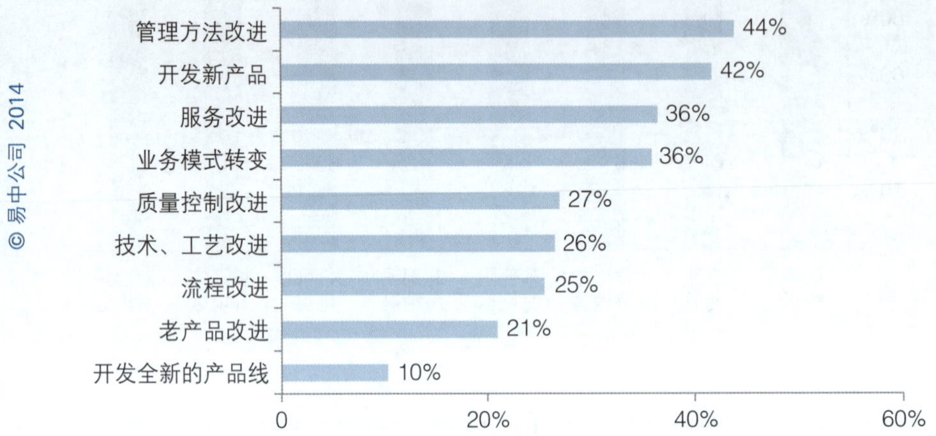

2014年中小企业主要进行4个方面的创新：管理方法改进（44%）、开发新产品（42%）、服务改进（36%）和业务模式转变（36%）。相对于质量控制改进（27%）和技术、工艺改进（26%）来说，这4类创新更被重视。

可以看出，中小企业在“老产品改进”上没有太大作为，只有21%的受访企业表示自己改进了老产品。相对于开发新产品来说，老产品的升级和改造对企业发展同样重要，在资源有限的情况下，企业可以进行一些微创新或微升级，也能起到事半功倍的效果。

图表 86　不同行业创新的方向不同

行业 \ 创新	管理方法改进	开发新产品	服务改进	业务模式转变	质量控制改进	技术、工艺改进	流程改进	老产品改进	开发全新的产品线
贸易	58%	27%	61%	51%	11%	7%	36%	12%	7%
原材料	48%	45%	24%	36%	33%	42%	19%	21%	12%
专业服务业	46%	37%	46%	46%	15%	8%	36%	18%	13%
加工定制	43%	48%	17%	22%	48%	50%	17%	17%	11%
服务业	43%	25%	50%	36%	28%	18%	30%	13%	15%
消费品	42%	47%	28%	43%	28%	24%	26%	22%	9%
工业品	31%	59%	20%	20%	36%	47%	16%	37%	9%

行业特点不同，企业创新方向也有所不同：工业品和消费品行业企业在“开发新产品”上做更多努力，分别有 59% 和 47% 的受访企业表示，其在 2014 年开发新产品。

服务业（50%）和贸易业（61%）企业着眼于服务质量的提升，将创新重点放在了“服务改进”上。

加工定制企业的创新主要体现在“技术、工艺改进”（50%）和“质量控制改进”（48%）上，这是由该行业生产环节异常重要决定的。

而轻资产、高人才、高技术的专业服务业企业，走在精细化管理的前沿，在改进管理方法（46%）上做更多努力。

图表 87　管理方法改进是大部分地区最常见的创新形式

创新 地区	管理方法改进	开发新产品	服务改进	业务模式转变	质量控制改进	技术、工艺改进	流程改进	老产品改进	开发全新的产品线
西南	52%	25%	48%	32%	23%	29%	35%	15%	6%
长江中游	50%	30%	42%	41%	28%	22%	33%	16%	11%
大西北	50%	38%	31%	38%	19%	38%	25%	13%	13%
北部沿海	46%	43%	37%	39%	18%	20%	26%	20%	10%
黄河中游	44%	34%	42%	42%	25%	17%	30%	24%	11%
南部沿海	41%	51%	29%	33%	35%	29%	19%	22%	14%
东北	37%	30%	41%	26%	15%	22%	37%	19%	7%
东部沿海	37%	50%	30%	33%	33%	34%	18%	25%	8%

上文提到三个沿海地区（南部沿海地区、北部沿海地区、东部沿海地区）企业的新产品收入占比相对较高，这是因为这三个地区的企业，开发新产品的力度最大：南部沿海 51%、东部沿海 50%、北部沿海 43%。总的来说，内陆企业和沿海企业在新产品开发投入上差距很大，内陆企业应抓紧追赶。

除沿海地区外，其他地区的创新普遍体现在“管理方法改进”和“服务改进”上。

这些中小企业的创新有一个共性：都与企业转型升级直接相关。在外部环境急剧变化的情况下，中小企业的转型升级是必然选择，对于资源有限的中小企业来说，我们应尽快在业务模式、产品服务和管理方法上进行创新，为后续市场竞争和企业发展蓄力。

图表 88　一半中小企业的研发技术人员占比不超过 5%
问：贵企业研发、技术人员数量占员工总数的比例是多少？

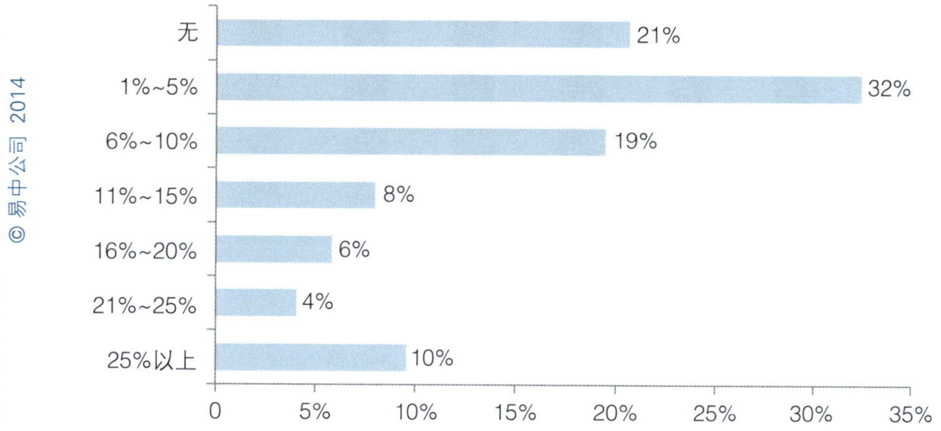

中小企业在研发技术人员占比上，出现了两极分化：21% 的受访企业根本没有研发技术人员；同时也有 10% 的受访企业表示，其研发技术人员占比在 25% 以上。这与所属行业的业务特点有关。

即便是有研发技术人员投入的中小企业，其投入力度也不大，有 32% 的受访企业，其研发技术人员占比仅为 5% 及以下。

总体来说，中小企业受制于自己的实力，虽然认为创新非常重要，也在创新方面投入了很多精力，但在研发技术人力上的投入还比较少。

图表 89　消费品和贸易业研发人员占比最低，专业服务和工业品最高

问：贵企业研发、技术人员数量占员工总数的比例是多少？

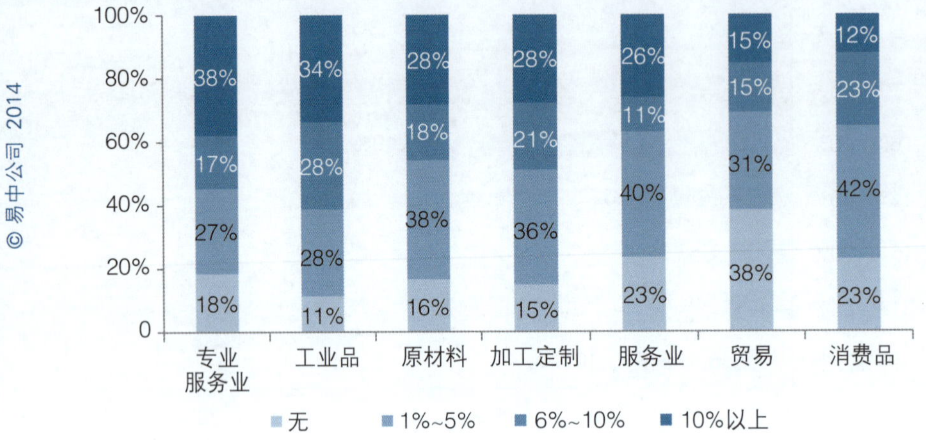

研发技术人员占比超过 10% 的行业由高到低依次是：专业服务业（38%）、工业品（34%）、原材料（28%）等。

其中，专业服务业企业研发技术人员占比最高，其以知识为核心、以技术为载体，为客户提供专业服务的业务模式，势必需要大量的研发技术人员支持。

消费品行业企业的研发技术人员比例最低，仅有 12% 的受访企业表示其研发技术人员比例超过 10%。

图表 90　西南地区研发技术人员数量占比最高

问：贵企业研发、技术人员数量占员工总数的比例是多少？

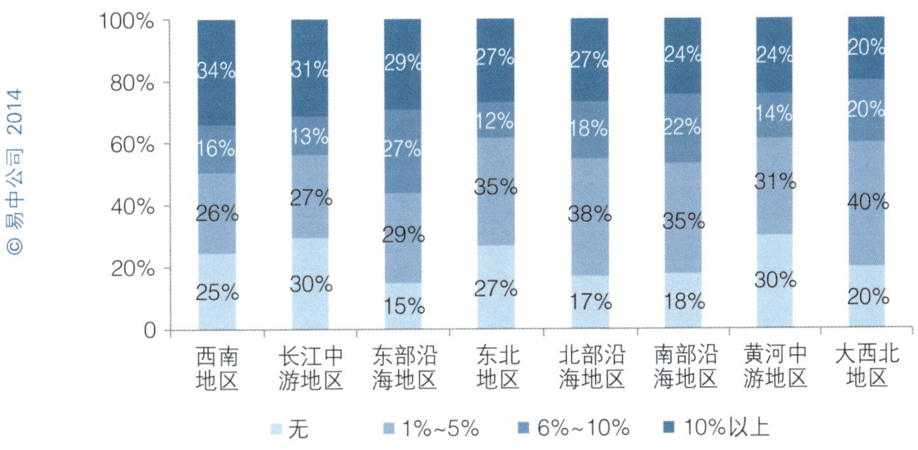

西南地区中，研发技术人员比例超过 10% 的企业占 34%，为各地区最高，其次是长江中游地区（31%）和东部沿海地区（29%）。

形成反差的是，长江中游地区同时还有 30% 的受访企业一个研发技术人员都没有，该地区在研发技术人员投入上出现了两极分化。

东部沿海地区的研发技术人员覆盖率最高，仅有 15% 的受访企业没有研发技术人员，这一数字比其他地区都低。

图表 91 超七成企业的研发支出不超过 5% 的营业额

问：2013 年贵企业的研发支出占营业额的比例是多少?

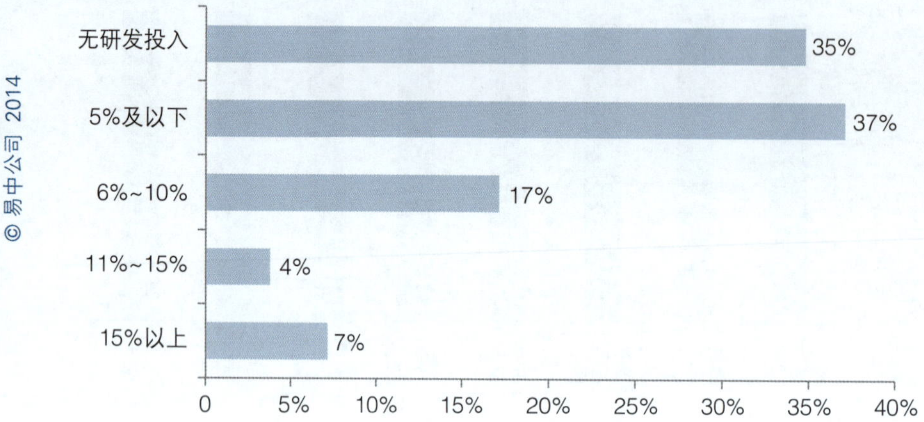

与在研发技术人员上投入不足一样，中小企业在研发支出上的投入也很有限。有 35% 的受访企业甚至表示自己没有投入任何研发经费。

即便是有研发支出的中小企业，其投入的资金比例也过低：有 37% 的受访企业在研发上的经费支出不足营业额的 5%。

事实上，敢于把 15% 的营业额拿出来，投入到研发的受访企业仅占 7%。

图表 92　贸易企业研发支出最低，原材料和工业品企业最高

问：2013 年贵企业的研发支出占营业额的比例是多少？

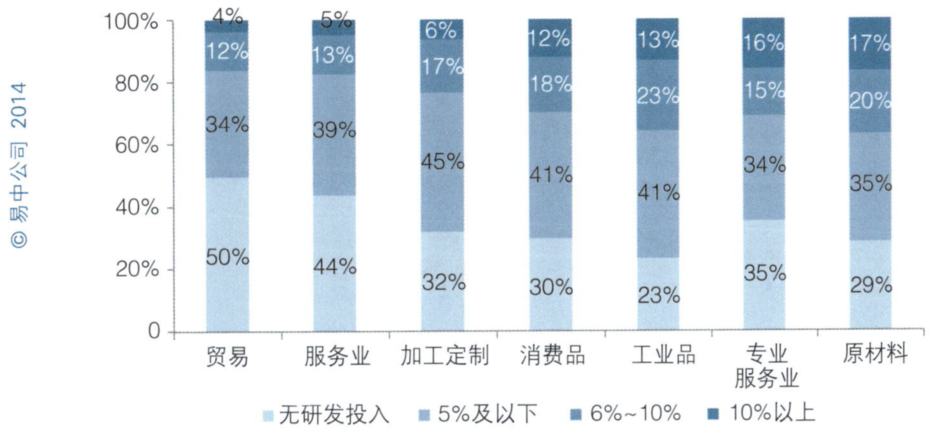

各行业的研发支出普遍较低，均有六成以上的企业表示，其研发支出不足营业额的 5%。

研发支出比例最低的行业是贸易业和服务业，仅有 4% 和 5% 的受访企业愿意把 10% 的营业额拿出来，投入到研发上。

而原材料和专业服务业则是研发支出力度最大的两个行业，分别有 17% 和 16% 的企业敢于将 10% 的营业额投入到研发上。总体来看，专业服务业企业在研发人员和研发经费上投入都很大，表现非常突出。

图表 93　西北地区研发支出最低，南部和东部沿海地区研发支出最高

问：2013 年贵企业的研发支出占营业额的比例是多少？

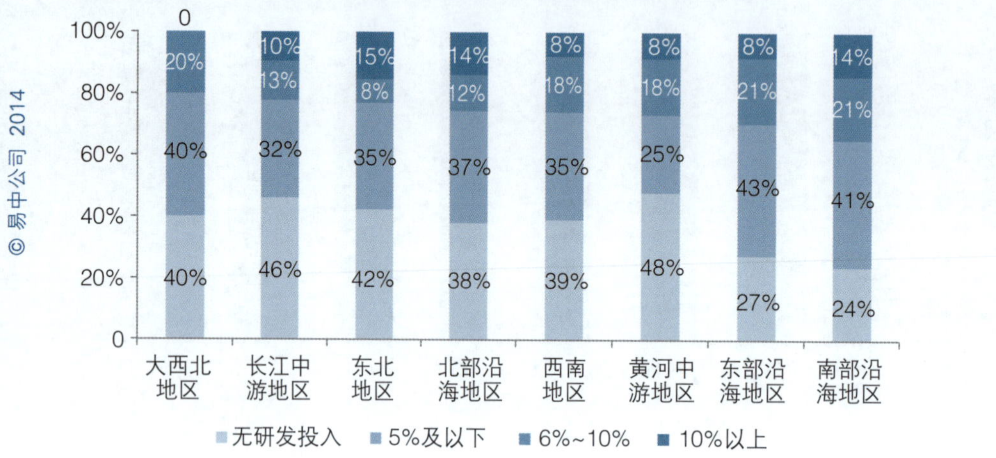

南部沿海和东部沿海地区企业，更愿意支出更多的研发经费，分别有 35%、29% 的受访企业表示，其研发支出超过营业额的 5%。

黄河中游地区有高达 48% 的受访企业表示，自己在研发上没有支出，这一数字甚至高于经济更为落后、竞争压力更小的大西北地区（40%）和西南地区（39%）。

易中认为，创新已成为中小企业经营管理常态。受制于中小企业有限的资金实力，虽然在创新方面努力尝试，但多数中小企业在研发、技术方面的人力和资金投入还比较少，与大企业无法相提并论。中小企业可以改变创新技术研发的模式，比如专注于某一个创新点进行重点突破，例如微创新、组成创新联盟等。

E. 管理成熟度指数为50：还需要大幅提升

管理就在我们身边，几乎无处不在，是企业持续经营的基本保障。但是，管理如此熟悉，却又如此陌生，没有几个老板能说清楚它到底是什么，这增加了老板提升企业管理能力的难度。如果能够了解管理的各项组成要素，我们就可以有针对性地进行调整和完善，大幅度提升企业的“内功”。

其实，管理很简单，主要包括：“大脑”（战略管理、决策管理、会议管理和报告管理）、“左手”（核算管理）、“右手”（考核/员工管理）三个部分。下面我们就来一一阐述。

图表 94　管理的“大脑”、“左手”和“右手”

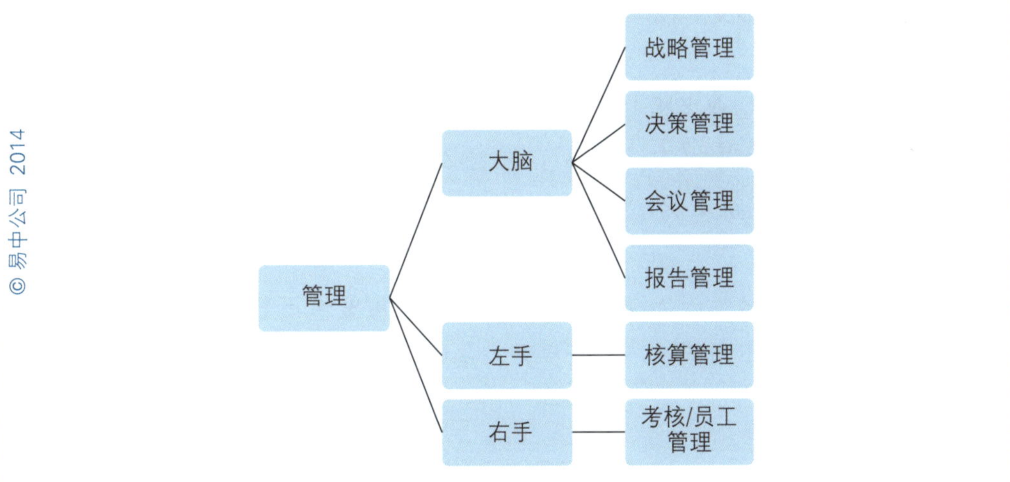

1 对管理效率的评价普遍不高，提升企业管理能力成为永续话题

图表 95 中小企业老板普遍对自己企业的管理效率不满意

问：贵企业的管理效率如何？

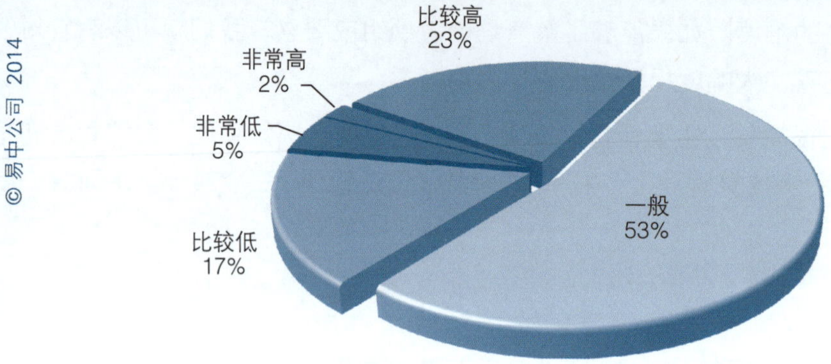

调查显示，中小企业老板普遍对自己企业的管理效率不满意。有 53% 的受访老板认为企业的管理效率仅为“一般”，另有 22% 的受访老板明确表示自己企业的管理效率“低下”，也就是说，七成以上的中小企业老板都认为，自己企业的管理效率不够高。

在粗犷经营越来越难以为继的情况下，管理的重要性不断凸显，管理能力的提升似乎没有了终点，不断精进、不断提升，是中小企业老板的普遍追求。

图表 96　服务业对企业管理效率最不满意，加工定制业的自我评价最高

问：贵企业的管理效率如何？

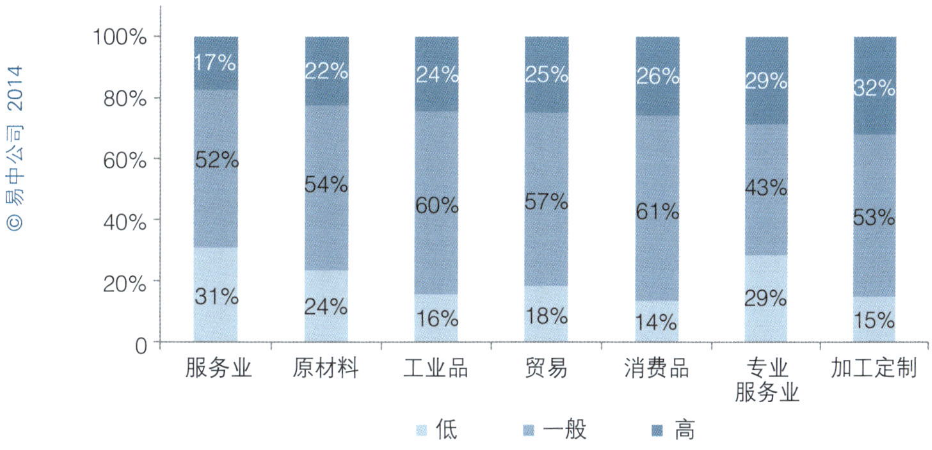

出乎意料的是，服务业企业老板对自己企业的管理效率最不满意，仅有 17% 的受访者认为效率高。其次是原材料（22%）和工业品行业（24%）。而加工定制业企业老板，对自己企业的管理效率评价最高，有 32% 的受访者认为管理效率高。

事实上，服务业不仅对其管理效率评价最低，它同时也是对其管理体系评价最低的行业，一定程度上，管理体系越不完善，管理效率就越低。

此外，管理效率的评价结果，除了与客观现实有关，还与从业老板的能力素质和期望值高低不同有关。即便在现实工作中，服务业的管理效率并不算低（后面的调查显示，服务业在管理体系四个方面上的表现并不算差），但如果老板的期望值很高，也会直接拉低对其管理效率的正面评价。

图表 97 大西北地区对管理效率最不满意，北部和南部沿海地区管理效率最高

问：贵企业的管理效率如何？

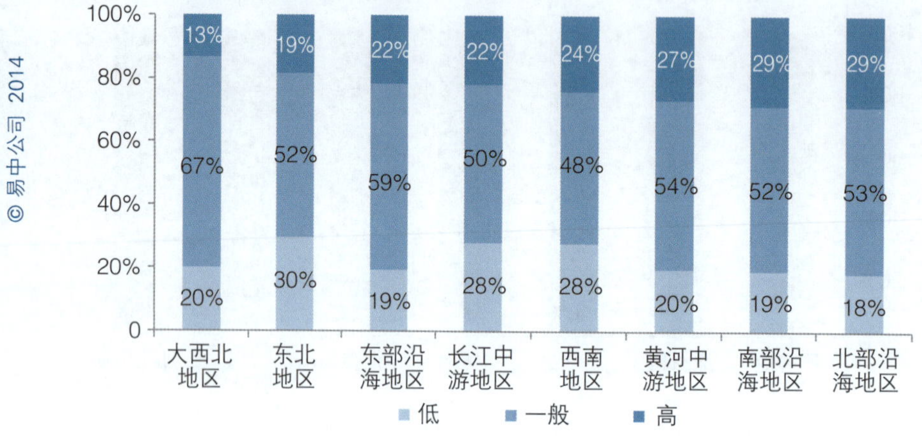

大西北地区的老板对自己企业管理效率的评价最低，仅有 13% 的受访者认为企业管理效率高；其次是东北地区，有 19% 的受访者认为企业管理效率高。此外，东北地区也是管理效率低下占比最高的地区，有三成受访企业认为自己企业的管理效率低下。

而北部沿海地区和南部沿海地区的老板对自己企业管理效率的评价最高，均有 29% 的受访企业认为企业管理效率高。这与各地区市场竞争激烈程度和老板的能力素质、期望值高低不同有关。

易中认为，现在已经到了要全面推行精细化管理的时刻，为企业经营打好坚实基础，只有这样才能灵活应对来自国内国外的市场竞争。但是，进行精细化管理，提升管理效率，不能简单地与建立大而全的管理体系画等号，而是奉行简单管理、不增加额外管理成本的原则，在简单、顺畅的管理流程基础上，提升企业的管理效率。

2 管理体系普遍制定不规范，执行不彻底

提升管理要务的第一件事是“搭建管理体系”，这其中包括定期调整企业战略及组织结构、规范决策机制、规范会议管理制度、规范经营管理报告制度四个方面。接下来，我们就分别看一下中小企业在这四个方面上的操作情况。

2.1 对定期调整企业战略和组织结构的意识淡薄

图表 98　七成中小企业没有做到定期调整

问：贵企业是否定期调整公司战略及组织结构？

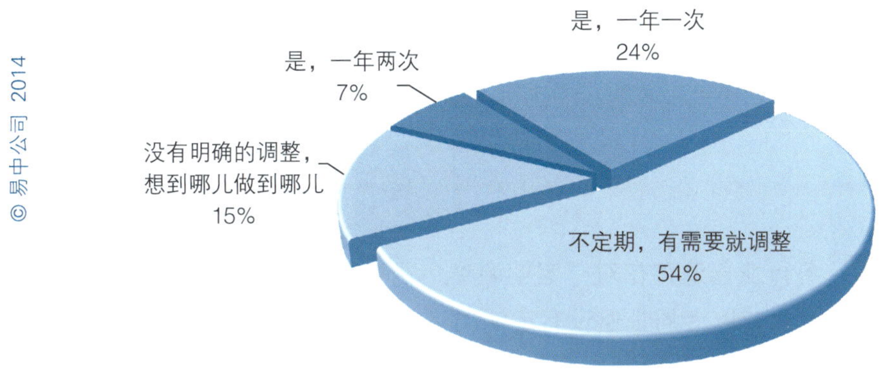

易中认为，在当前经营环境和客户需求变化如此快的时代，企业战略和组织结构应该每年至少调整一次，以适应企业业务发展需要。那么，有多少企业能够做到这一点呢？

调查显示，在“调整企业战略和组织结构”上，有七成的中小企业并不是定期在做，其中，有 54% 的受访企业是有需要才调整，15% 的受访企业调整并不明确，想到哪儿做到哪儿。

能够做到“定期调整企业战略和组织结构”的企业仅占 31%，其中，24% 的受访企业一年调整一次，7% 的受访企业可做到一年调整两次。总体来说，中小企业对定期调整企业战略和组织架构的重要性认识还不够，自觉自发定期做这件事的意识还比较淡薄。

易中建议，企业战略和组织结构的调整，应该是有计划、有步骤地来进行，同时还需保证其在一段时间内的稳定性。

图表 99　工业品行业中，定期调整的企业最多

问：贵企业是否定期调整企业战略及组织结构?

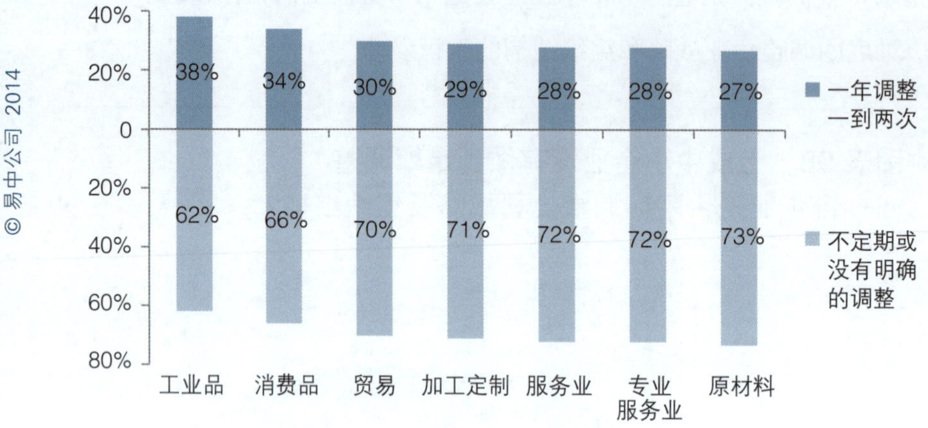

总体来看，各行业普遍存在对“定期调整企业战略和组织结构”意识淡薄的问题，所有行业均有六成以上的企业没有定期调整，具体数字在各行业中差异很小。

相比较来说，工业品行业中，定期调整企业战略和组织结构的企业最多，有38% 的受访企业可以做到一年调整一到两次，其次是消费品（34%）和贸易行业（30%）。

而原材料行业中，“不定期或者根本没有明确调整”的企业最多，有 73% 的受访企业这样表示。

图表 100　大西北地区中，定期调整的企业最多

问：贵企业是否定期调整企业战略及组织结构?

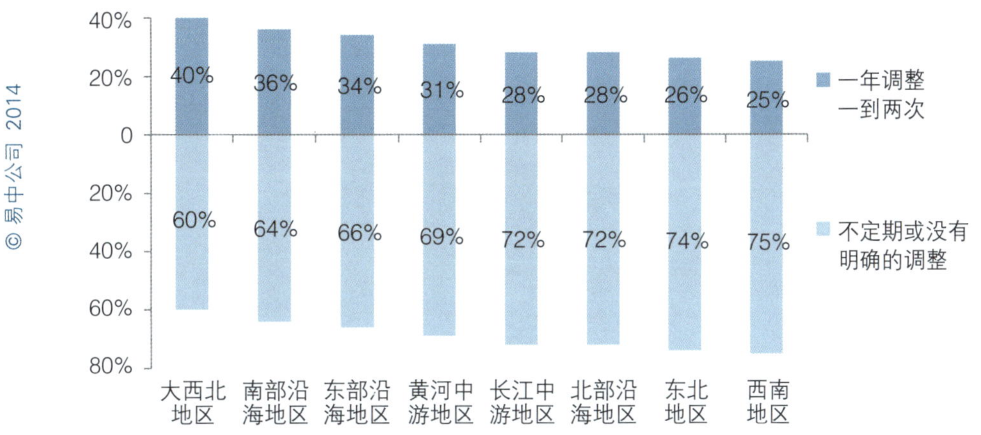

各地区间，能否做到“定期调整企业战略和组织结构”的差异也不明显，所有地区均有六成以上的企业没有做到定期调整。

相比较而言，大西北地区中，定期调整企业战略和组织结构的企业最多，有40% 的受访企业可以做到一年调整一到两次，其次是南部沿海（36%）和东部沿海地区（34%）。

而西南地区中，“不定期或者根本没有明确调整”的企业最多，有75% 的受访企业这样表示。

2.2 中高层决策，老板决定和民主决议平分秋色

图表 101 中高层决策：老板决定和民主决议平分秋色

问：贵企业在中高层决策方面（如组织结构调整、经营变化等）采用的是哪种机制？

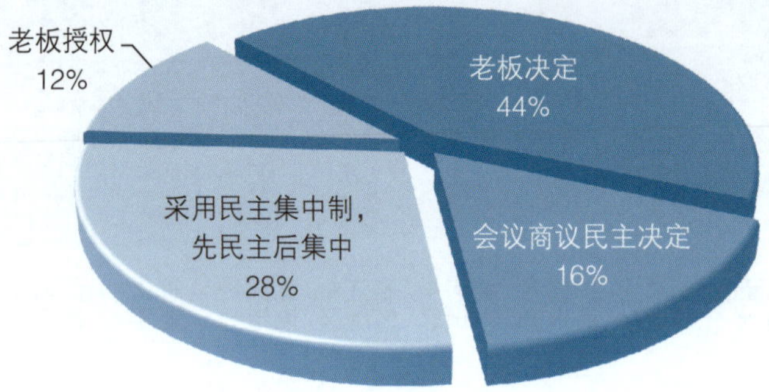

中小企业在对“调整组织结构，改变经营方向”等进行决策时，主要由谁来下决定呢？

调查显示，中小企业在中高层决策上，主要体现为“老板决定”和“民主决议”平分秋色。其中有 44% 的受访企业由“老板决定”，28% 的受访企业采用民主集中制、先民主后集中，还有 16% 的受访企业采用会议商议民主决定的方式。

易中认为，无论采用哪种决策方式，中小企业都面临着决策民主化和决策科学化相互牵制、决策权力分散与决策管理效率相互制约的问题。事实上，决策权力的集中，并不意味着独断专行，而决策权力的分散，也不意味着决策更正确。中小企业应该建立一套严格的决策制度和决策程序，使决策既有效率，又有效能，减少盲目拍板、草率决定带来的时机延误和经营损失。

图表 102 加工定制业多由老板决定，专业服务业多由民主决定

问：贵企业在中高层决策方面采用的是哪种机制？

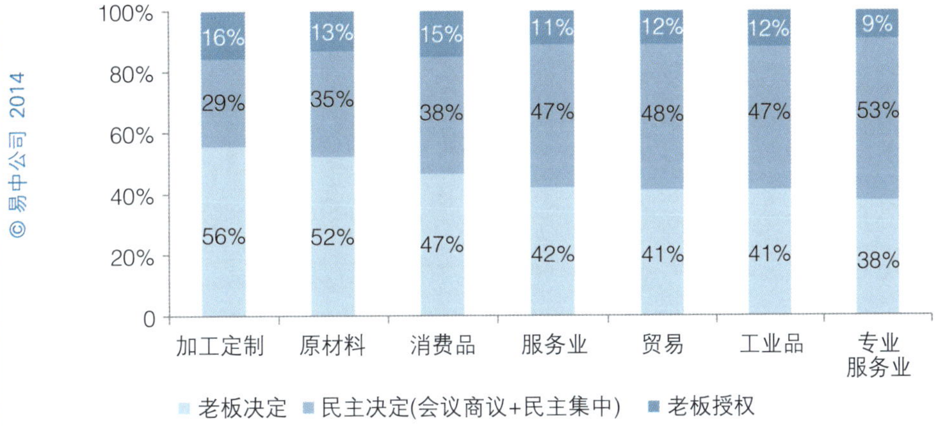

加工定制业中，有 56% 的受访企业由老板来下决定，“民主决定”仅占 29%。其次是原材料行业，它们中也有 52% 的受访企业由老板下决定。这两个行业中，“老板决定”的情况都超过了一半。而加工定制业也是管理效率评价最高的行业，这说明在劳动密集型行业中，决策权力的集中对提升企业管理效率有帮助。

专业服务业企业的决策事宜，则多由民主决定，有 53% 的受访企业是这样做的，仅有 38% 的受访企业由老板决定。也就是说，专业服务业中“老板决定”的情况，仅为加工定制业的 2/3。

知识密集型的专业服务业，管理手段更为先进，懂得把握决策权力集中和决策效率提升之间的平衡，这使得他们虽然决策权力分散，但管理效率并不低下，管理效率仅次于决策权力非常集中的加工定制业。

图表 103 南部沿海企业多由老板决定，长江中游和大西北企业多由民主决定

问：贵企业在中高层决策方面采用的是哪种机制？

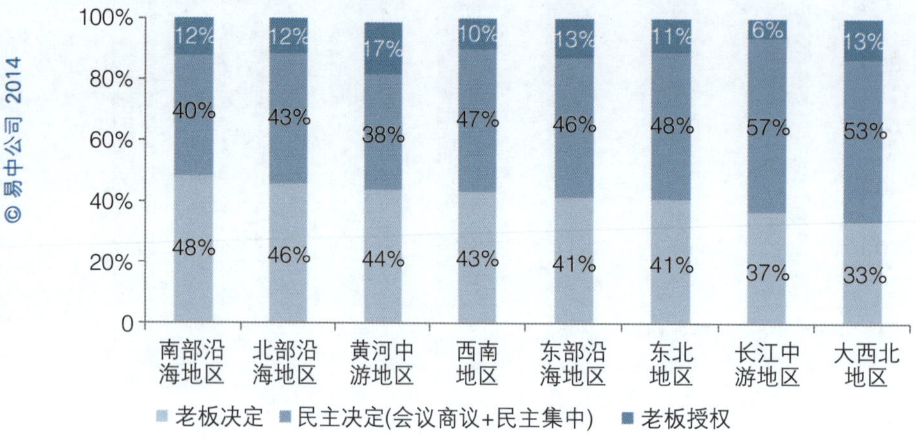

南部沿海地区中，有 48% 的受访企业由老板来下决定，“民主决议”仅占 40%，其次是北部沿海地区（46%）。

大西北地区企业的决策事宜多由民主决定，有 53% 的受访企业是这样做的，仅有 33% 的受访企业表示由老板决定。

在上面的调查中，南部沿海地区和北部沿海地区，同属管理效率最高的两个地区，企业决策权力也最为集中；而大西北地区是管理效率最低的一个地区，企业决策权力最为分散。

这一结果，与上面发现的规律一致，即决策权利的集中，在一定程度上对提升管理效率有帮助。

2.3 大部分中小企业不会开会，不会做工作汇报

会不会开会，影响着中小企业的管理效率、决策效率，也直接折射出企业日常管理水平的高低。中小企业要想学会开会，需要从规范会议管理制度和经营管理报告制度上开始。

图表 104　八成企业建立了会议体系，但仅一成企业执行规范

问：贵企业是否建立了规范的会议管理制度？

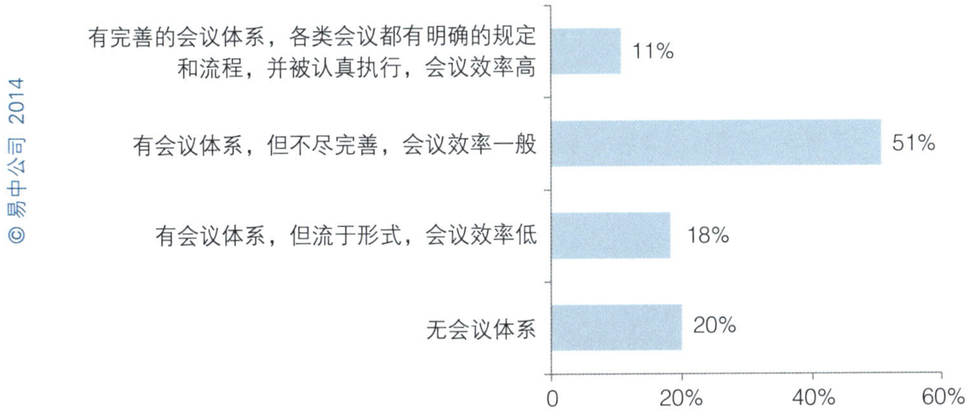

调查显示，在规范会议管理制度上，有八成企业能做到建立会议体系，但能够在会议体系下，对各类会议做出明确规定，并保持会议高效的受访企业，仅占11%。也就是说，虽然大部分中小企业建立了会议管理制度，但普遍执行不完善，无法在规范操作下保证高效。

具体数据为，会议管理水平最高的企业占11%，他们“有完善的会议体系，各类会议都有明确的规定和流程，并被认真执行，会议效率高”；会议管理水平排第二的企业比例最高，达到51%，它们“建立了会议体系，但不尽完善，会议效率一般”。

同时我们也应该看到，仍然有1/5的受访企业还没有建立会议体系，它们的管理效率和决策效率令人堪忧。

图表 105　各行业普遍搭建起了会议体系

问：贵企业是否建立了规范的会议管理制度？

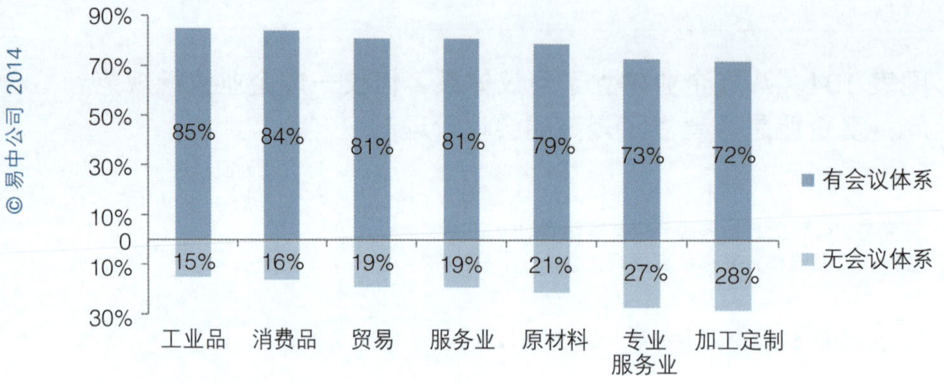

各行业在是否建立会议管理制度上差异不明显，均有七成以上的受访企业建立了该制度，这说明，建立会议管理制度是中小企业老板普遍认识到的管理手段，得到了老板们的支持和响应。

比较来看，工业品和消费品企业在执行会议管理制度上更加规范和彻底，分别有 85% 和 84% 的受访企业建立了相应的会议体系。而加工定制业中没有建立会议体系的最多（72%），事实上，它们也是决策权力最集中的一个行业，参与决策的人很少，甚至一言堂，这都使得建立会议体系显得没那么必要。

图表 106　大西北地区中，建立会议体系的企业最少

问：贵企业是否建立了规范的会议管理制度？

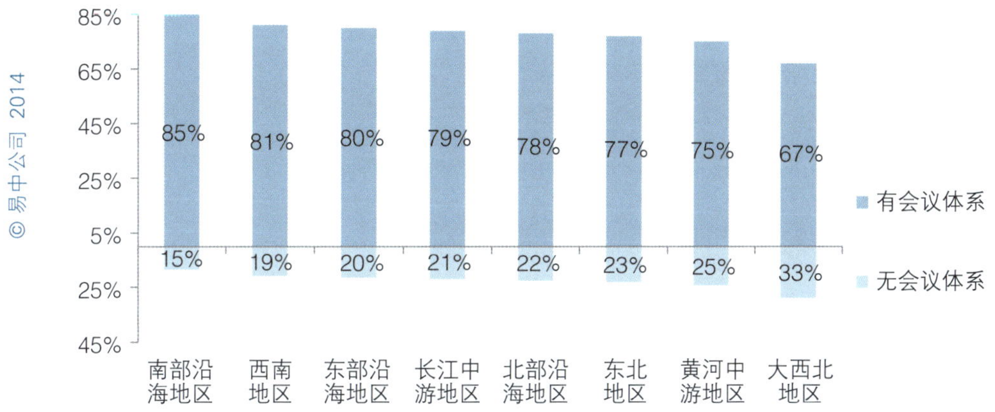

大西北地区有 33% 的受访企业“无会议体系”，为各地区最高，其次是黄河中游地区（25%）。

南部沿海地区建立会议体系的普及率最高，有 85% 的企业这样做了。但执行规范最多的是北部沿海地区，它们中有 14% 的企业“有完善的会议体系，各类会议都有明确的规定和流程，并被认真执行，会议效率高”，这一数字为各地区最高。

易中建议，中小企业一定要建立完善的会议体系，明确各个会议的任务、参与人员和流程。但是完善的会议体系，不等于没完没了的复杂会议，会议应该遵循简单、明确、时间可控等原则。

图表 107　六成企业做到了定期汇报，但仅一成企业执行规范

问：贵企业是否建立了规范的经营管理报告制度？

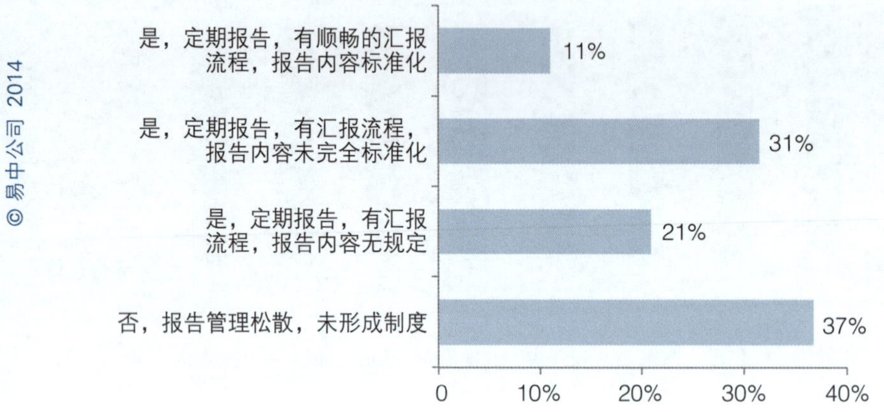

在规范经营管理报告制度上，六成以上的企业能够做到定期报告，但有顺畅的汇报流程、报告内容标准化的受访企业仅占11%。也就是说，虽然大部分中小企业建立了定期报告制度，但制定的普遍不完善，无法保证报告质量。

具体数据，经营管理报告水平最高的企业占11%，它们“要求定期汇报，有顺畅的汇报流程，报告内容标准化”；会议管理水平排在第二位的企业占31%，它们“要求定期汇报，有汇报流程，但报告内容未完全标准化”。

同时我们也要看到，有高达37%的受访企业没有做到定期汇报，报告管理松散，未能形成规范的报告管理制度。事实上，规范报告制度，是中小企业做到后收效明显的事情，中小企业不应该在这件事上跑输，我们应该在对外拼杀时，先集中精力把企业内部的经营管理报告制度打造好。

图表 108　加工定制业里，未能定期汇报的企业最多

问：贵企业是否建立了规范的经营管理报告制度？

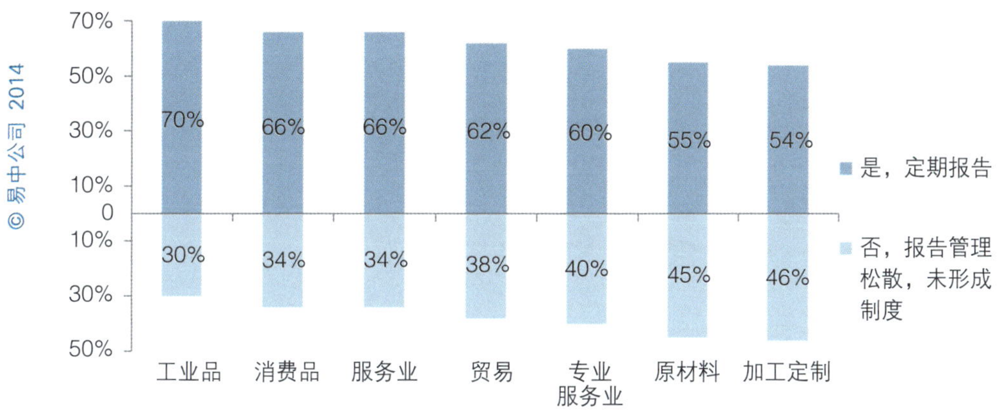

加工定制业有 46% 的受访企业“没有做到定期汇报”，为各行业最高，其次是原材料行业（45%）。上文提到，加工定制业在规范会议管理制度上做得也很不够，该行业的管理成熟度最低。

工业品行业做到定期汇报的企业占比最高，有 70% 的企业这样做了。但执行规范最多的是消费品行业，有 14% 的企业做到了“定期汇报，有顺畅的汇报流程，且报告内容标准化”，这一数字为各行业最高。

图表 109 沿海地区做到定期汇报的企业最多

问：贵企业是否建立了规范的经营管理报告制度？

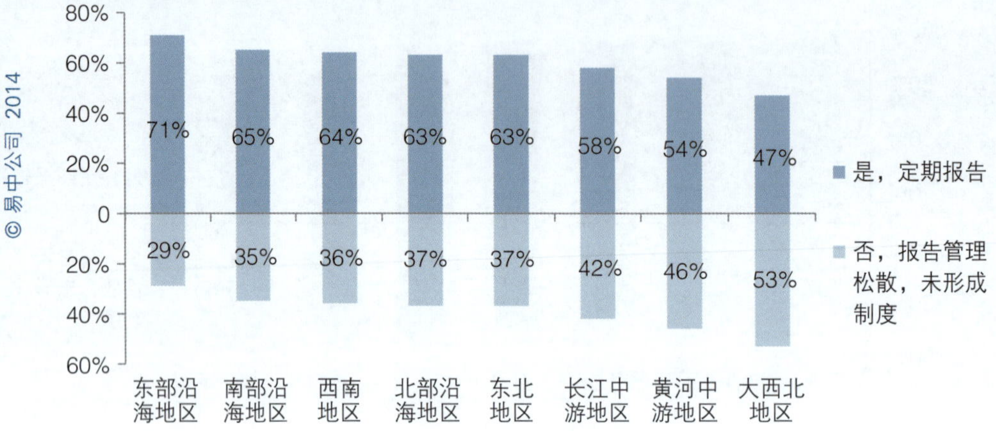

各地区能否做到定期汇报的情况差异明显：沿海地区中更多的企业（东部沿海 71%、南部沿海 65%）做到了定期汇报，而内陆地区（大西北 47%、黄河中游 54%）的企业，在规范经营管理报告制度上落下一大截，普遍只有一半的企业可以做到定期汇报。

易中认为，所谓规范经营管理报告制度，其实就是定期汇报、建立顺畅的汇报流程、规范汇报结构和内容三个方面，汇报规范了，就能更容易地抓到经营管理的重点，准确掌握企业经营管理的真实情况。

2.4 对管理体系的评价普遍不高，“市场销售管理”最不完善

图表 110　中小企业老板普遍对自己企业的管理体系不满意

问：贵企业的管理体系如何?

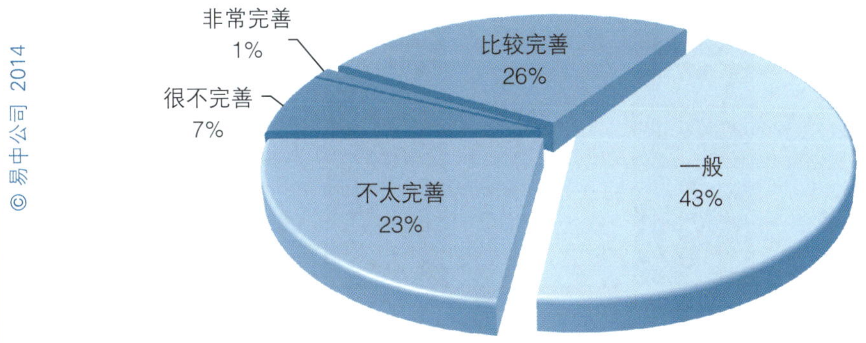

总体来说，中小企业老板普遍对自己企业的管理体系不满意。有 43% 的受访老板认为企业的管理体系仅为“一般”，另有 30% 的受访老板明确表示自己企业的管理体系“不完善”，也就是说，七成以上的中小企业老板都认为，自己企业的管理体系不够完善。

结合上文“定期调整企业战略及组织架构”“中高层决策”“规范会议管理制度”和“规范经营管理报告制度”这 4 个调查结果来看，我们认为中小企业老板对自己企业管理体系的评价比较客观，中小企业管理体系的建设还有很大的提升空间。

提升可直接从这四个方面入手：

（1）要求每年至少调整一次企业战略和组织结构；

（2）规范中高层决策机制，把握好老板决定和民主决议之间的平衡；

（3）规范会议管理制度，明确各类会议的规定和流程，并认真执行，确保会议效率高；

（4）规范经营管理报告制度，要求定期汇报，确保汇报流程顺畅，汇报内容标准化。

图表 111　管理体系与管理效率正相关

问：贵企业的管理效率如何？贵企业的管理体系是否完善？

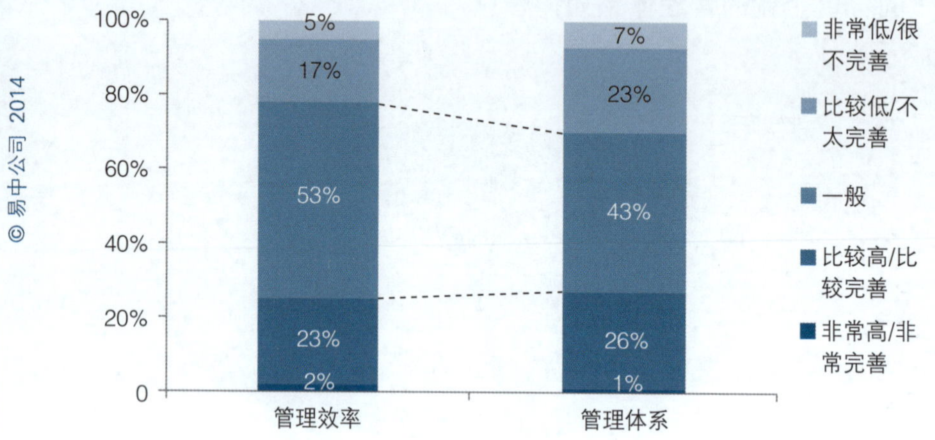

观察中小企业老板对自己企业“管理效率”和“管理体系”的评价，我们发现，均有七成以上的受访老板对“管理效率”和“管理体系”不满意。这说明，“管理体系”与“管理效率”紧密相连，一定程度上，管理体系越完善，管理效率就越高，反之，则越低。

图表 112　服务业企业对管理体系的自我评价最低

问：贵企业的管理体系如何？

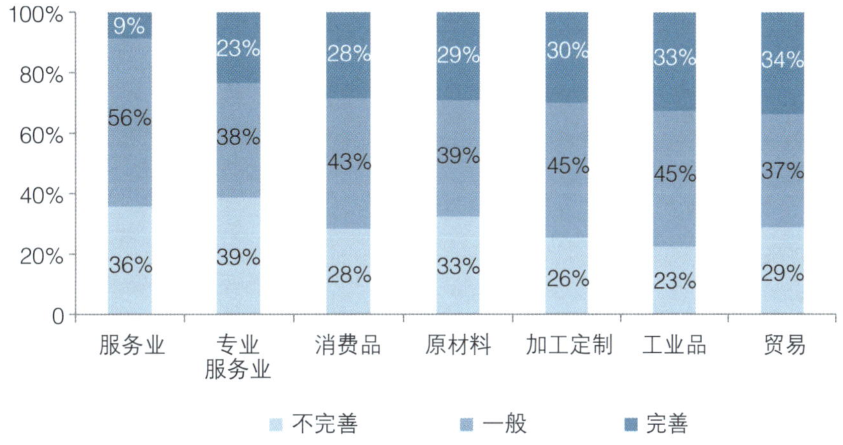

各行业中，服务业老板对自己企业“管理体系”的评价最低，仅有9%的受访者认为其管理体系完善，这一数字比排在第二位的专业服务业（23%）低14个百分点，差异明显。

除服务业老板评价最低外，其他行业的评价结果没有明显差异。

上文提到，服务业不仅是对管理体系评价最低的行业，同时也是对管理效率评价最低的行业。就“管理体系”四部分调查结果来看，服务业的表现并不算最差，这可能与该行业市场竞争激烈、老板自我要求更高有关。

图表 113　大西北企业最不完善，黄河中游和北部沿海企业最完善

问：贵企业的管理体系如何？

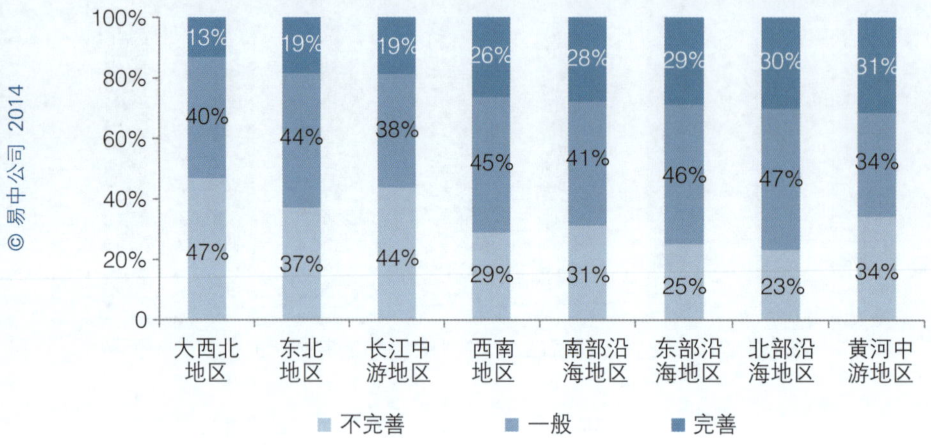

大西北地区的老板，对其管理体系的自我评价最低，仅有 13% 的受访企业认为管理体系完善，其次是东北地区（19%）。

与分行业结果一样，大西北和东北地区同样也是管理效率评价最低的地区，从管理体系四个方面的调查结果来看，大西北在“建立会议体系”和“定期汇报”上都表现最差，老板的自我评价比较客观，其在管理体系上的不完善直接影响其管理效率的提升。

黄河中游和北部沿海地区老板，对管理体系的自我评价最高。

图表 114　管理体系不尽完善的几个方面

2012 年			2013 年			2014 年		
1	战略管理	55%	1	成本管理	54%	1	* 市场销售	49%
2	人事管理	48%	2	流程制度管理	47%	2	流程制度管理	36%
3	流程制度管理	45%	3	人事管理	45%	3	战略管理	34%
4	成本管理	38%	4	战略管理	44%	4	成本管理	31%
5	生产管理	32%	5	财务管理	33%	5	人事管理	31%
6	财务管理	31%	6	生产管理	33%	6	渠道管理	25%
7	技术和研发	30%	7	渠道管理	32%	7	技术和研发	22%
8	渠道管理	21%	8	技术和研发	29%	8	财务管理	19%
9	采购物流管理	19%	9	采购物流管理	24%	9	生产管理	18%
—						10	采购物流管理	12%

注：* 为 2014 年新增。

2014 年我们在这道题目中，新增了一个选项“市场销售”，调查结果表明，有 49% 的受访企业都认为其“市场销售管理”不完善，占比最高。

除新增的“市场销售”外，流程制度管理、战略管理、成本管理和人事管理，连续三年成为中小企业管理中最不完善的四个方面。

其中认为“流程管理制度”不完善的企业比例，从 2012 年的第三名、2013 年的第二名，上升到了 2014 年（除“市场销售”以外）的第一名。这说明，中小企业老板越来越重视“流程管理制度”的建立。而“成本管理”由于 2013 年劳动力成本上涨稍稍放缓，压力有所减小，2014 年，仅排列第四。

我们还发现，中小企业老板对“人事管理”的重视程度在下降，认为“人事制度管理”最不完善的企业比例，自 2012 年起逐年下降。

图表 115 市场营销是各行业最不完善的管理模块

模块 行业	市场销售	流程制度管理	战略管理	成本管理	人事管理	渠道管理	技术和研发	财务管理	生产管理	采购物流管理
专业服务业	56%	44%	30%	33%	37%	27%	21%	21%	4%	3%
加工定制	53%	29%	42%	27%	27%	11%	31%	24%	38%	7%
原材料	52%	24%	40%	31%	25%	19%	29%	24%	29%	11%
工业品	49%	32%	32%	32%	19%	23%	36%	11%	29%	13%
贸易	48%	40%	33%	29%	41%	34%	7%	21%	6%	16%
消费品	45%	34%	32%	27%	30%	30%	14%	19%	19%	24%
服务业	42%	42%	35%	34%	41%	22%	16%	23%	11%	10%

除市场营销外，各行业企业最不完善的管理模块分别是：

专业服务行业：流程制度管理（44%）、人事管理（37%）；

加工定制行业：战略管理（42%）、生产管理（38%）；

原材料行业：战略管理（40%）、成本管理（31%）；

工业品行业：技术和研发（36%）、流程制度管理/战略管理/成本管理（32%）；

贸易行业：人事管理（41%）、流程制度管理（40%）；

消费品行业：流程制度管理（34%）、战略管理（32%）；

服务业：流程制度管理（42%）、人事管理（41%）。

图表 116 市场营销也是大部分地区企业最不完善的管理模块

模块 / 地区	市场销售	流程制度管理	战略管理	成本管理	人事管理	渠道管理	技术和研发	财务管理	生产管理	采购物流管理
东北	63%	48%	33%	19%	30%	37%	11%	15%	4%	4%
西南	58%	47%	28%	27%	35%	20%	14%	13%	19%	14%
南部沿海	51%	28%	36%	30%	25%	24%	26%	19%	21%	13%
北部沿海	48%	35%	35%	28%	35%	20%	19%	18%	16%	14%
黄河中游	45%	41%	37%	37%	31%	27%	11%	21%	15%	6%
东部沿海	43%	33%	36%	33%	27%	23%	34%	15%	20%	10%
长江中游	42%	36%	23%	38%	33%	33%	16%	30%	16%	16%
大西北	31%	38%	56%	13%	31%	31%	25%	31%	19%	0

各地区企业最不完善的管理模块分别是：

东北地区：市场营销（63%）、流程制度管理（48%）、渠道管理（37%）；

西南地区：市场营销（58%）、流程制度管理（47%）、人事管理（35%）；

南部沿海地区：市场营销（51%）、战略管理（36%）、成本管理（30%）；

北部沿海地区：市场营销（48%）、流程制度管理/战略管理/人事管理（35%）；

黄河中游地区：市场营销（45%）、流程制度管理（41%）、战略管理/成本管理（37%）；

东部沿海地区：市场营销（43%）、战略管理（36%）、技术和研发（34%）；

长江中游地区：市场营销（42%）、成本管理（38%）、流程制度管理（36%）；

大西北地区：战略管理（56%）、流程制度管理（38%）、市场营销/人事管理/财务管理（31%）。

3 精准的经营核算体系缺少“群众基础”，执行效果不理想

图表 117 中小企业的经营核算体系普遍不精细

问：贵企业是否建立了精准的经营核算体系？

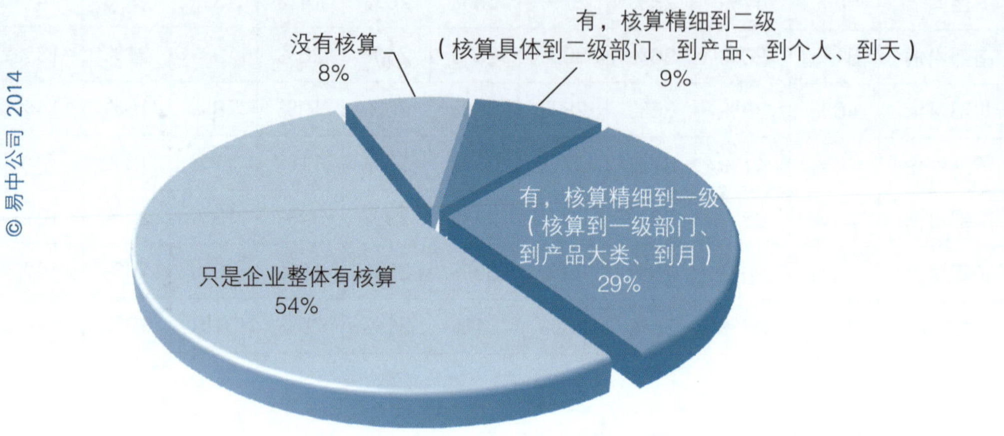

提升管理要务要做的第二件事是：建立精细的经营核算体系，并让这个体系被员工所接受。那么，中小企业在这两方面的操作情况如何呢?

中小企业普遍没有建立精细的经营核算体系，仅有 9% 的受访企业核算精细到二级（到二级部门、到产品、到个人、到天）。

超过半数的企业，其经营核算仅到企业整体，不划分到部门、到产品、到个人、到月、到天，这些企业代表了很大一部分企业的经营核算现状；而根本不进行经营核算的企业，也占了 8%。

不过我们也要看到，虽然没有核算到二级，但有三成的企业核算到了一级（到一级部门、到产品大类、到月），这些企业在经营核算中做得相对完善，但还有进步的空间。

易中认为，中小企业不仅要做经营核算，而且要做精细的经营核算，不仅要对企业整体进行核算，还要把经营核算有步骤地落实到产品、到人、到天，用精细核算机制把企业经营目标管起来，通过核算收入、费用、贡献、利润为企业带来高赢利。当然，建立精细的经营核算机制只是第一步，关键是要坚定地执行下去。

图表 118　贸易和原材料行业，精细核算的覆盖率最高

问：贵企业是否建立了精准的经营核算体系？

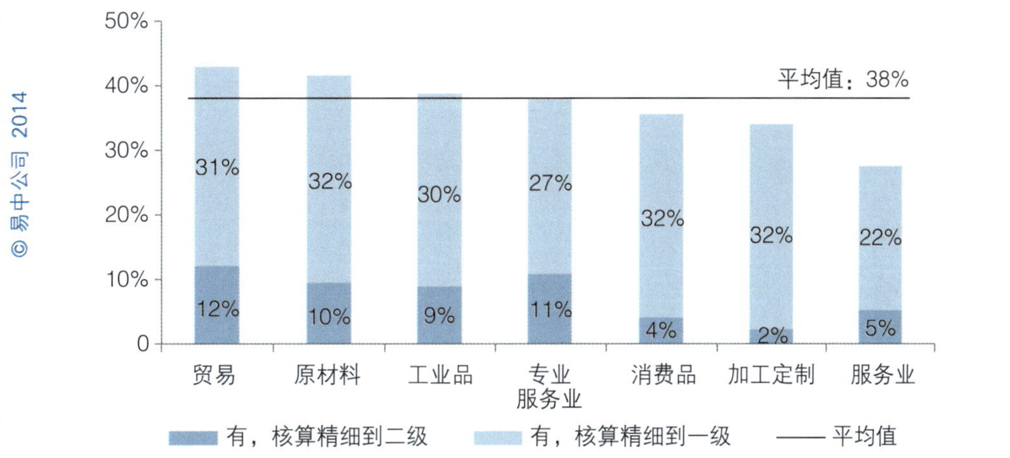

贸易行业中，有 43% 的受访企业建立了精细核算，其中 12% 的企业“核算精细到二级”，为各行业最高，31% 的企业“核算精细到一级”。其次是原材料行业（42%），其中 10% 的企业“核算精细到二级”、32% 的企业“核算精细到一级”。而贸易行业也是管理体系相对完善的行业，它们对其管理体系的自我评价最高。

图表 119　服务业中，精细核算的覆盖率最低，加工定制业不做经营核算的企业最多

问：贵企业是否建立了精准的经营核算体系？

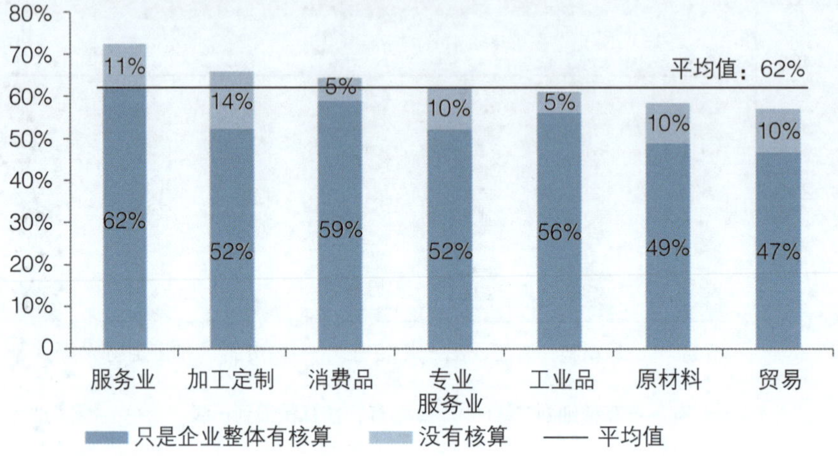

服务业中，没有建立精细核算的企业最多，其中 62% 的受访企业只核算到企业整体，11% 的受访企业根本不做经营核算。

而加工定制业中，不做经营核算的企业最多，有 14% 的受访企业根本不核算。

图表 120　大西北地区中，精细核算的覆盖率最低

问：贵企业是否建立了精准的经营核算体系？

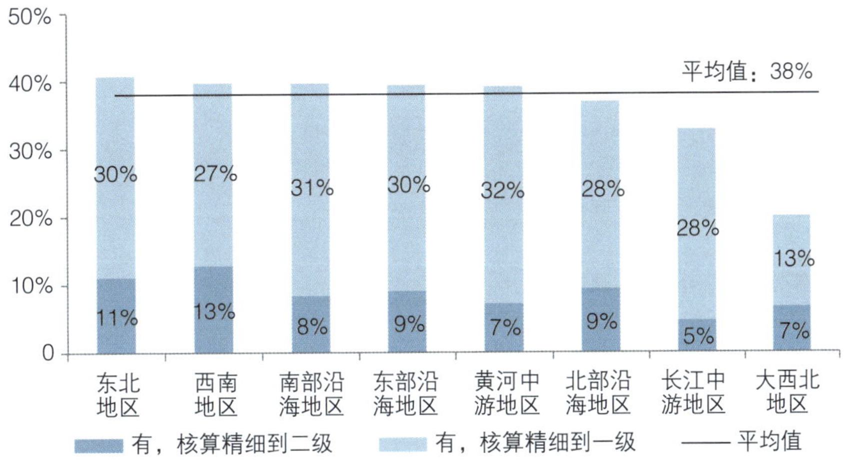

大西北地区建立精细核算的企业比例，明显低于其他行业，仅有 20% 的受访企业建立了精细核算（13% 核算到一级，7% 核算到二级），这一数字仅为其他行业的一半。其次是长江中游地区，仅有 33% 的受访企业建立了精细核算。

其他地区企业建立精细核算的情况相差不大。

图表 121　四成企业的核算体系未被所有员工接受，执行效果不好

问：贵企业的核算体系是否被员工接受？

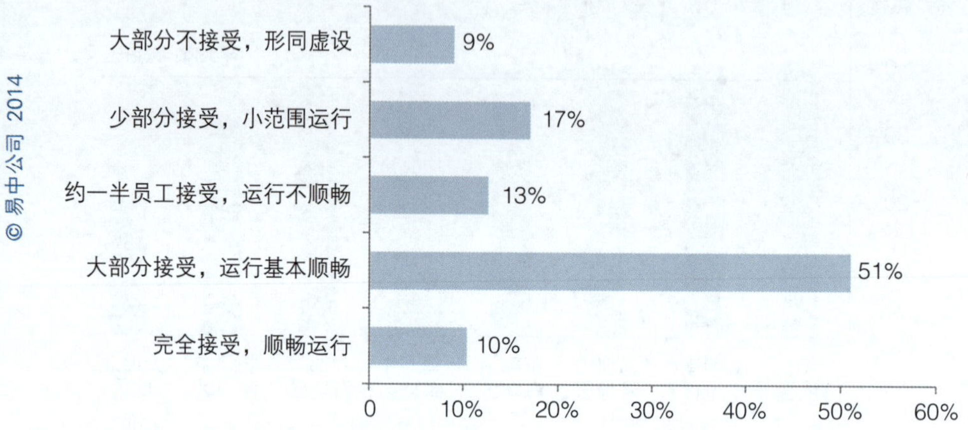

有 39% 的受访企业，在实施核算体系过程中遇到了不同程度的阻碍。其中，9% 的受访企业表示，大部分员工不接受这个经营核算体系，结果形同虚设；17% 的受访企业表示，其经营核算体系只被少数员工接受，因此运行范围很小。中小企业需要争取更多员工的支持，以提高核算体系的运行效率。

不过，也有六成受访企业表示，其经营核算体系可被大部分员工甚至所有员工接受，运行基本顺畅。其中，10% 的受访企业经营核算体系可被所有员工接受，运行很顺畅；51% 的受访企业经营核算体系可被大部分员工接受，运行基本顺畅。这部分企业的核算体系之所以执行效果好，可能与它们的核算体系精细化程度低有关。

一定程度上，经营核算越精细，员工越不容易接受，执行效果也越差。中小企业在推行精细化核算体系时，要更多关注员工的接受程度，争取更多员工的支持和理解，这有利于企业精细化核算体系的有效展开。

图表 122　精细核算体系覆盖率高的行业，运行效果并不好

问：贵企业的核算体系是否被员工接受？

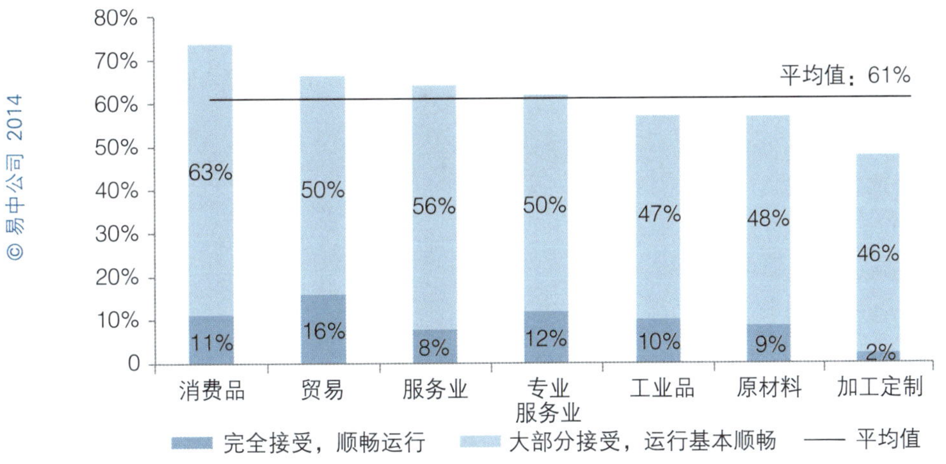

总的来说，中小企业的核算体系越精细，执行效果就越不好。

消费品行业的精细化核算体系覆盖率并不高，但企业核算体系的执行效果最好。63% 的受访企业表示，其核算体系可被大部分员工接受，运行顺畅。

原材料和工业品行业中，精细化核算体系覆盖率高，但企业核算体系的执行效果却差强人意，仅有 48% 和 47% 的受访企业表示，核算体系被大部分员工接受，运行顺畅。

不过，我们也可以发现，贸易行业是精细化核算体系执行最好的标杆行业，它们中建立精细化核算体系的企业最多，且运行效果较好，有 50% 的受访企业核算体系能被大部分员工接受。

而加工定制业是精细化核算体系覆盖率低且执行效果最差的行业，仅有 46% 的受访企业核算体系可被大部分员工接受，这一数字明显低于其他行业。

图表 123 精细核算体系覆盖率高的地区，体系运行效果最差

问：贵企业的核算体系是否被员工接受？

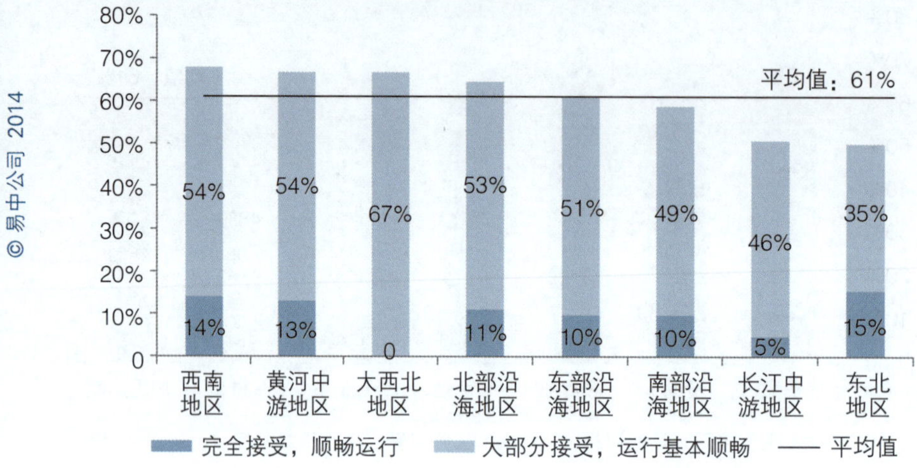

同样地，东北地区精细化核算体系覆盖率最高，但核算运行效果也最差，它们对精细化核算的掌控能力普遍较弱。大西北地区的精细化核算体系覆盖率最低，这使得它们的核算体系运行比较顺畅。

西南地区是核算体系精细化程度较高，且执行效果最好的地区，属标杆地区。

而长江中游地区是精细化核算体系覆盖率低，且执行效果最差的地区，仅有 5% 的受访企业核算体系可被所有员工接受，这一数字明显低于其他行业。

4 考核晋升制度普及率很高，但执行不规范，执行效果喜忧参半

图表 124 八成企业建立了考核晋升制度，但仅一成执行规范

问：贵企业是否建立了清晰的考核晋升制度？

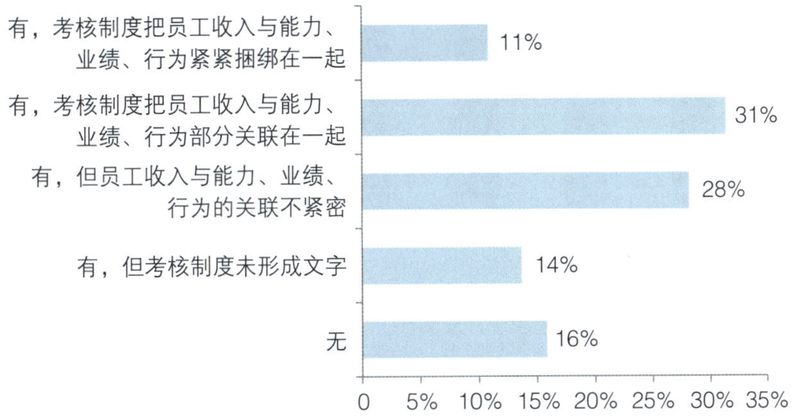

做好员工管理和保留工作，需要中小企业建立一个清晰的考核晋升制度。这个制度应该把员工收入与能力、业绩、行为紧紧捆绑在一起，在员工实现自我价值的同时，实现企业经营的高目标。

调查显示，有 84% 的受访企业建立了考核晋升制度，但能把员工收入与能力、业绩、行为紧紧捆绑在一起的企业还比较少，仅占 11%。这说明考核晋升制度在中小企业里比较普及，但执行得很不规范。

此外，还有 16% 的受访企业根本没有考核晋升制度，其员工保留工作效果令人堪忧。

图表 125　专业服务业考核晋升制度最普及，加工定制业最不普及

问：贵企业是否建立了清晰的考核晋升制度？

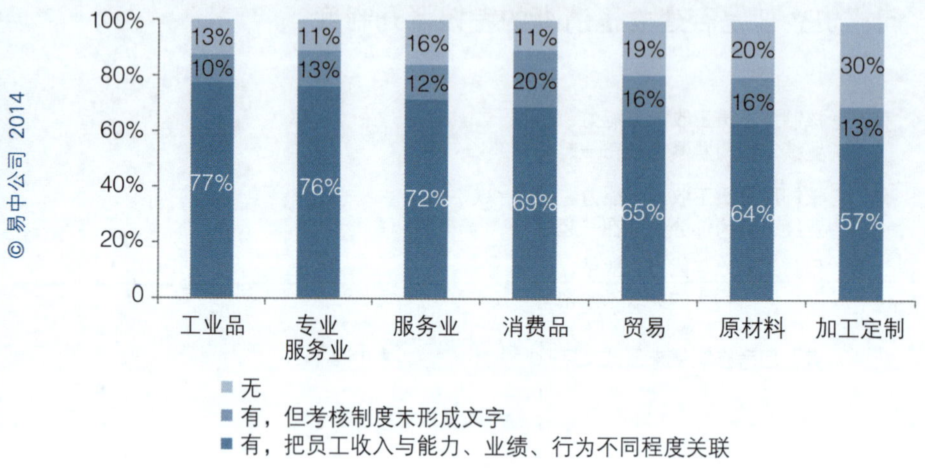

中小企业考核晋升制度普及率最高的三个行业是：专业服务业（89%）、消费品行业（89%）和工业品行业（87%）。同时，工业品行业（77%）、专业服务业（76%）和服务业（72%）一起，也是考核最到位（把员工收入与能力、业绩、行为不同程度关联）的三个行业。专业服务业考核晋升制度最普及，这一结果并不意外，对知识型人才的高需求量导致它们更加重视员工管理工作。

加工定制业中，仅有70%的受访企业建立了考核晋升制度，为各行业最低，其次是原材料行业（80%）。

图表 126　东北地区考核晋升制度最普及，西北地区最不普及

问：贵企业是否建立了清晰的考核晋升制度？

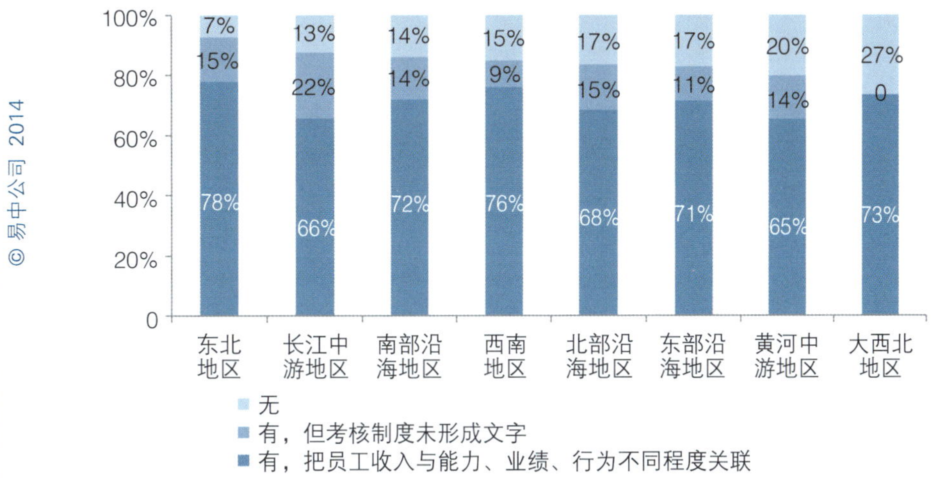

考核晋升制度普及率最高的三个地区是：东北地区（93%）、长江中游地区（88%）和南部沿海地区（86%）。它们同时也是考核最到位（把员工收入与能力、业绩、行为不同程度关联）的三个地区。

事实上，东北地区也是精细化考核体系最为普及的地区，这反映了东北地区中小企业对提升自身管理水平的意愿非常强烈。

南部沿海地区的人才竞争很激烈，且企业精细化管理程度高，这决定了这一地区会有更多中小企业建立考核晋升制度。

图表 127　考核晋升制度执行效果喜忧参半

问：贵企业考核晋升制度运行得如何？

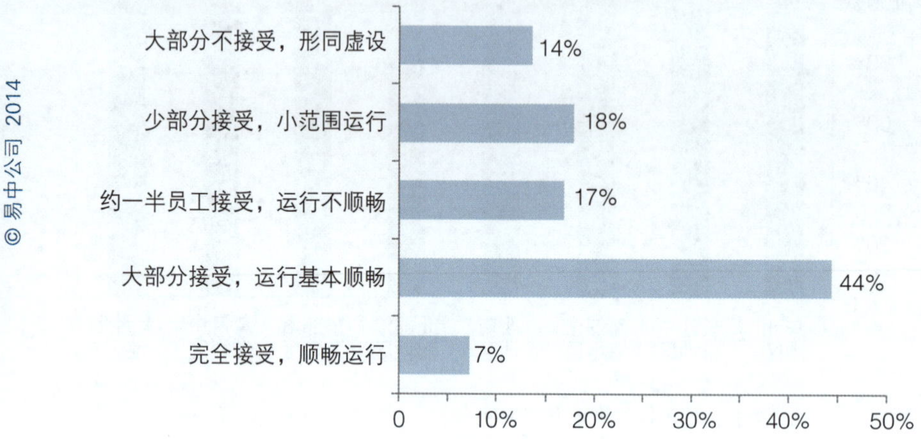

中小企业考核晋升制度比较普及，那么这些制度的运行效果如何呢？我们发现考核晋升制度的运行效果，与精细化核算体系的运行效果基本一致：有 49% 的受访企业表示，在该制度推行的过程中，都遇到了员工不接受的问题，运行效果不顺畅；这其中甚至有 14% 的受访企业的考核晋升制度形同虚设。

此外，也有 51% 的受访企业考核晋升制度执行的还不错，其中该制度受到大部分员工的接受，运行基本顺畅的企业占 44%，同时也有 7% 的受访企业考核晋升制度被完全接受，运行顺畅。

图表 128　专业服务业企业考核晋升制度运行效果最好，加工定制行业最差

问：贵企业考核晋升制度运行得如何？

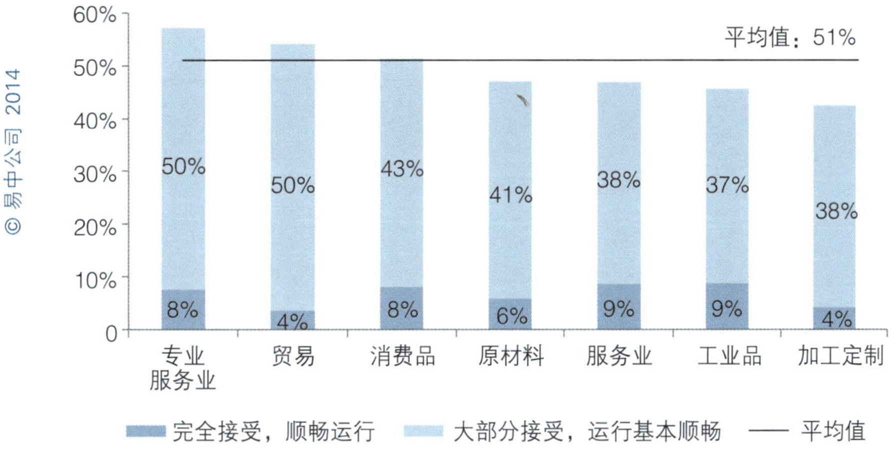

专业服务业既是考核晋升制度普及率最高的行业，也是考核晋升制度运行效果最好的行业，值得其他行业学习。它们中，有 58% 的受访企业考核晋升制度，被所有或大部分员工所接受，并且运行顺畅。

运行效果排在第二位的是贸易行业和消费品行业。分别有 54% 和 51% 的受访企业考核晋升体系，得到了所有或大部分员工的认同。

其他行业的企业考核晋升制度“完全接受，运行顺畅”或“大部分接受，基本顺畅”的比例均低于平均值，其中加工定制（42%）为各行业最低，它同时也是考核晋升制度普及率最低的地区。

总体来说，考核晋升制度与精细化核算体系不同，考核晋升制度普及率越高，制度的执行效果越好，反之，则执行效果越差。

图表 129　东北地区企业考核晋升制度运行效果最好，大西北地区最差

问：贵企业考核晋升制度运行得如何？

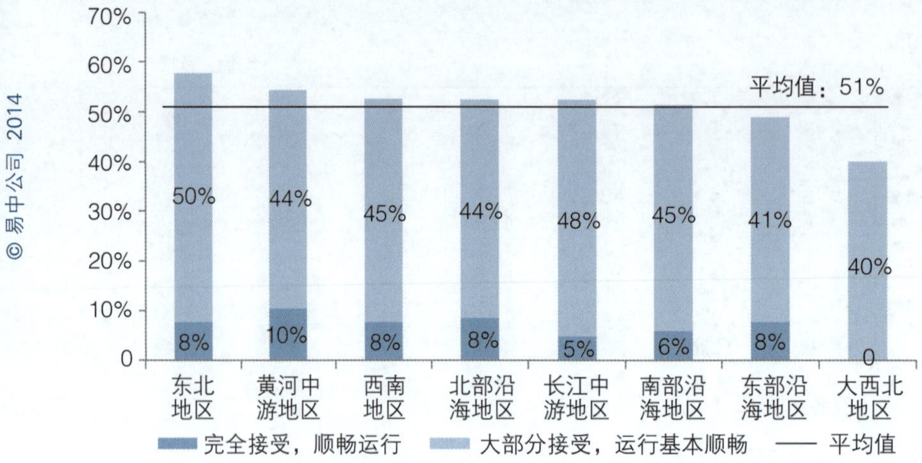

考核晋升制度的普及率与执行效果上的正比关系，也表现在各地区的运行差异中。

考核晋升制度普及率最高的东北地区，同样也是该制度执行效果最好的地区，有 58% 的受访企业考核晋升制度，被所有或大部分员工接受，并且运行顺畅。

而考核晋升制度普及率最低的大西北地区，在本次调查中也是制度执行效果最差的地区，仅有 40% 的受访企业表示，其考核晋升管理制度“被大部分接受，运行基本顺畅”。

图表 130　员工激励不够和人才储备不足是最主要的员工管理问题

问：在员工管理方面，贵企业自身的突出问题是什么？

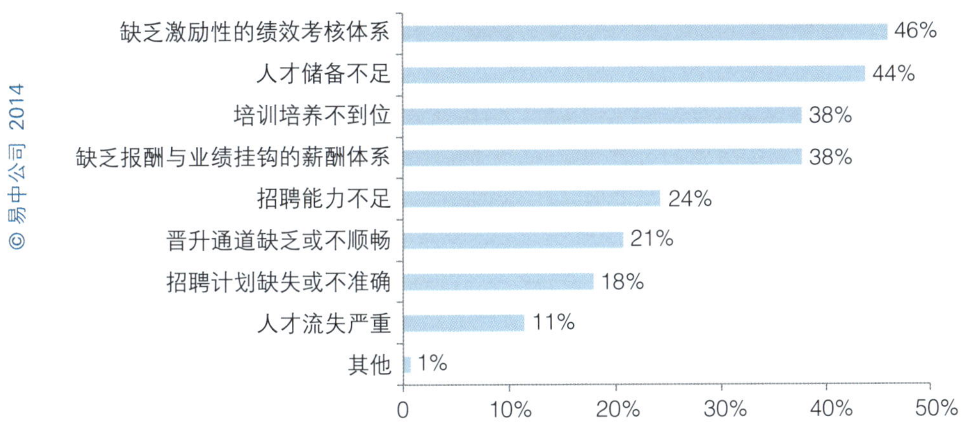

中小企业在员工管理方面，最突出的四个问题是："缺乏激励性的绩效考核体系"46%、"人才储备不足"44%、"培训培养不到位"38%、"缺乏报酬与业绩挂钩的薪酬体系"38%。

上文提到，虽然有84%的受访企业建立了考核晋升制度，但大部分没有把员工收入与能力、业绩、行为紧密捆绑在一起，这导致中小企业普遍将"缺乏激励性绩效考核体系"和"缺乏报酬与业绩挂钩的薪酬体系"，视为员工管理最突出的问题。

此外，中小企业自身吸引力较弱，人才备份、接班人培养等"人才储备"工作进展困难，是中小企业员工管理工作中第二大突出问题。

对于中小企业来说，员工管理工作只能前进，不能后退，在自身吸引力比大企业弱的情况下，中小企业必须突出自己的柔性管理优势，通过人性化管理，达到员工保留与激励的最终目标。

图表 131　各行业普遍缺乏激励性的绩效考核体系，加工定制行业最突出

员工管理 / 行业	缺乏激励性的绩效考核体系	人才储备不足	培训培养不到位	缺乏报酬与业绩挂钩的薪酬体系	招聘能力不足	晋升通道缺失或不顺畅	招聘计划缺失或不准确	人才流失严重
加工定制	72%	39%	22%	65%	22%	22%	15%	4%
消费品	46%	45%	49%	39%	26%	18%	19%	8%
工业品	46%	47%	33%	38%	24%	21%	18%	10%
原材料	45%	49%	42%	32%	20%	14%	18%	14%
贸易	44%	36%	41%	35%	21%	28%	20%	12%
服务业	44%	39%	38%	36%	29%	24%	13%	15%
专业服务业	43%	51%	40%	34%	30%	21%	21%	11%

在排名前两位的员工管理问题中，“缺乏激励性的绩效考核体系”是各行业企业普遍存在的员工管理难题。

加工定制行业：“缺乏激励性的绩效考核体系”（72%）、“缺乏报酬与业绩挂钩的薪酬体系”（65%）；

消费品行业：“培训培养不到位”（49%）、“缺乏激励性的绩效考核体系”（46%）；

工业品行业：“人才储备不足”（47%）、“缺乏激励性的绩效考核体系”（46%）；

原材料行业：“人才储备不足”（49%）、“缺乏激励性的绩效考核体系”（45%）；

贸易行业：“缺乏激励性的绩效考核体系”（44%）、“培训培养不到位”（41%）；

服务行业：“缺乏激励性的绩效考核体系”（44%）、“人才储备不足”（39%）；

专业服务行业：“人才储备不足”（51%）、“缺乏激励性的绩效考核体系”（43%）。

图表 132　不同地区企业最突出的员工管理问题没有明显差异

员工管理 / 地区	缺乏激励性的绩效考核体系	人才储备不足	培训培养不到位	缺乏报酬与业绩挂钩的薪酬体系	招聘能力不足	晋升通道缺失或不顺畅	招聘计划缺失或不准确	人才流失严重
东北	44%	37%	44%	30%	37%	15%	30%	11%
北部沿海	43%	44%	32%	35%	27%	22%	18%	7%
东部沿海	50%	45%	39%	35%	26%	17%	18%	13%
南部沿海	46%	43%	39%	48%	24%	18%	17%	10%
黄河中游	45%	45%	39%	35%	23%	21%	13%	11%
长江中游	44%	48%	34%	31%	20%	33%	13%	17%
西南	46%	41%	35%	32%	19%	22%	23%	14%
大西北	44%	25%	50%	44%	6%	13%	19%	13%

不同地区企业最突出的员工管理问题没有明显差异。可见，中小企业员工管理的主要问题集中在绩效考核、人才储备、员工培训培养、薪酬管理四个方面，其中有效的绩效考核是中小企业普遍存在的员工管理难题。

5 招人，难在企业自身不够硬；留人，主要靠提高企业归属感

5.1 招人难，普遍源于企业自身“不够硬”

图表 133　企业内部原因是招不到人才的主要原因

问：贵企业难以找到合适员工的主要原因是什么？

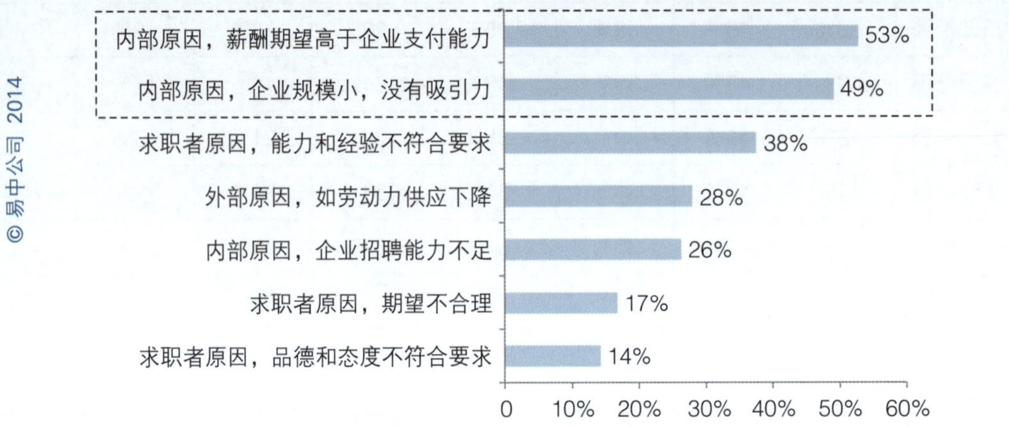

中小企业除了面临“缺乏激励性绩效考核体系”和“缺乏报酬与业绩挂钩的薪酬体系”员工管理问题外，还面临着招聘困难的问题。

调查显示，中小企业难以招到合适员工的主要原因是“内部原因”，主要包括“薪酬期望高于企业支付能力”（53%）和“企业规模小，没有吸引力”（49%）。

相比之下，由于“求职者的原因”（如能力和经验不符合要求 38%、期望值不合理 17%）和因为“外部原因”（如劳动力供应下降 28%），而令企业招不到员工的情况，相对较少。

因此，中小企业最好的人才招聘工作的关键是，不断增强企业实力，提供与其相符的人才报酬，同时加强企业人性化管理，增强企业对人才的吸引力。

图表 134　企业“内部原因”是各行业难以招到合适员工的主要原因

原因 行业	内部原因，薪酬期望高于企业支付能力	内部原因，企业规模小没有吸引力	求职者原因，能力和经验不符合要求	外部原因，如劳动力供应下降	内部原因，企业招聘能力不足	求职者原因，期望不合理	求职者原因，品德和态度不符合要求
加工定制	70%	45%	26%	38%	19%	13%	19%
专业服务业	55%	58%	45%	17%	28%	19%	9%
消费品	55%	51%	25%	36%	27%	18%	15%
服务业	54%	43%	38%	35%	35%	14%	11%
贸易	51%	53%	39%	25%	25%	15%	18%
工业品	50%	46%	39%	28%	25%	17%	15%
原材料	48%	48%	40%	30%	25%	21%	14%

“内部原因，薪酬期望高于企业支付能力”和“内部原因，企业规模小没有吸引力”是各行业企业难以招到合适员工的最主要原因。

其中，加工定制行业有 70% 的受访企业认为“薪酬期望高于企业支付能力”是招不到合适员工的首要原因，各行业最高。其次是消费品行业（55%）、服务行业（54%）、工业品行业（50%）和原材料行业（48%）。

这也从侧面印证了加工定制业企业整体经营情况不好，企业自身实力较弱，难以为高薪人才支付满意薪酬，从而招不到合适的人才。这也将在一定程度上决定了加工定制业的整体复苏和恢复将会十分漫长，缺少了外部人才对企业转型升级的刺激，加工定制业企业必须振作起来，奋力自救。

图表 135 企业“内部原因”是大部分地区难以招到合适员工的主要原因

地区＼原因	内部原因，薪酬期望高于企业支付能力	内部原因，企业规模小没有吸引力	求职者原因，能力和经验不符合要求	外部原因，如劳动力供应下降	内部原因，企业招聘能力不足	求职者原因，期望不合理	求职者原因，品德和态度不符合要求
东北	70%	48%	19%	22%	37%	22%	11%
南部沿海	57%	45%	29%	36%	24%	17%	17%
东部沿海	53%	43%	39%	38%	24%	14%	14%
北部沿海	50%	50%	39%	24%	25%	16%	12%
长江中游	50%	53%	45%	25%	25%	20%	14%
大西北	50%	19%	31%	13%	13%	6%	31%
西南	47%	54%	39%	18%	27%	22%	10%
黄河中游	39%	56%	44%	14%	32%	13%	11%

东北地区有 70% 的企业认为“薪酬期望高于企业支付能力”是招不到合适员工的首要原因。其次是南部沿海地区（57%）、东部沿海地区（53%）、北部沿海地区（50%）、长江中游地区（50%）、大西北地区（50%）。

选择“内部原因，企业规模小没有吸引力”作为首要原因的地区是：黄河中游地区（56%）、西南地区（54%）、长江中游地区（53%）、北部沿海地区（50%）。

招人难已成为企业面临的共性问题。从人才的供给上看，一方面劳动力人口在减少，另一方面受学校教育体系的影响，劳动力结构失衡，也就是说企业需要的人才与教育产出的人才不匹配，典型的是技术工人的严重缺失。

在外部形势短期内无法改变的情况下，企业应该更多地通过自身努力竞争人才。要不断增强企业的赢利能力，做强企业，这样才能以有竞争力的薪酬招到合适的员工。同时，也不能忽视招聘管理，针对经营的变化制订招聘计划、扩展招聘渠道、增强招聘能力。

5.2 留人，提高企业归属感比高薪更有效

图表 136　普遍使用提高企业认同感和归属感来留人

问：贵企业使用的留人手段是什么？

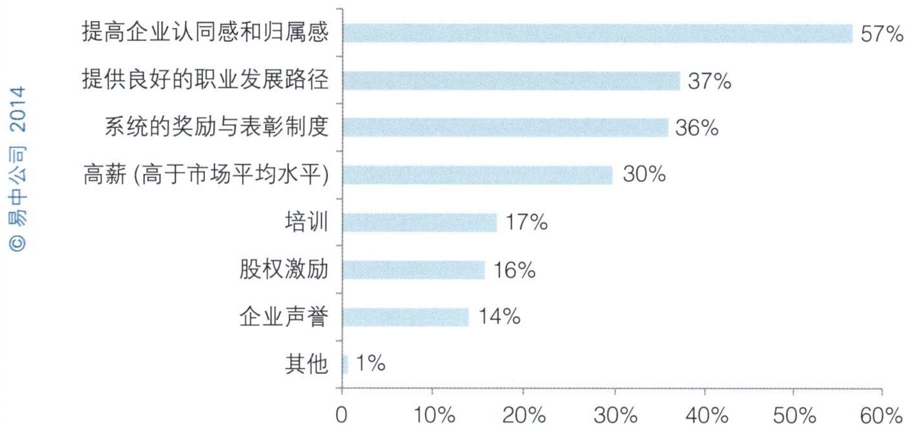

中小企业留人手段，排在前三位的是“提高企业认同感和归属感”（57%）、“提供良好的职业发展路径”（37%）、“系统的奖励与表彰制度”（36%）。而为人才提供“高薪”的这一做法，并不是特别普遍，仅有30%的受访企业将其视为留人的首要办法。

对比中小企业招人难的调查结果，我们发现中小企业因为资金实力差，普遍不会跟大企业争夺人才时“硬碰硬”（单纯靠高薪，吸引或留人），而是通过提高企业自身软实力、追求相同的价值观和给人才创造稳定性等方法，来吸引和留住人才。

图表 137 “提高企业认同感和归属感”是各行业企业首要的留人手段

手段 行业	提高企业认同感和归属感	提供良好的职业发展路径	系统的奖励与表彰制度	高薪（高于市场平均水平）	培训	股权激励	企业声誉
贸易	62%	37%	42%	25%	22%	15%	15%
消费品	62%	37%	42%	34%	12%	19%	8%
专业服务业	61%	42%	37%	28%	15%	23%	13%
原材料	57%	40%	29%	23%	18%	16%	17%
工业品	55%	36%	30%	32%	15%	13%	18%
加工定制	49%	32%	36%	36%	15%	11%	19%
服务业	46%	34%	41%	35%	24%	16%	6%

调查显示，各行业中小企业人才保留手段上，差异不明显，“提高企业认同感和归属感”是各行业企业普遍使用的留人手段。

此外，为人才“提供高于市场平均水平的薪酬”，在各行业企业留人手段中仅排列第四位。

图表 138 “提高企业认同感和归属感”是各地区企业首要的留人手段

手段 地区	提高企业认同感和归属感	提供良好的职业发展路径	系统的奖励与表彰制度	高薪（高于市场平均水平）	培训	股权激励	企业声誉
东北	70%	41%	41%	33%	7%	15%	26%
黄河中游	63%	24%	37%	31%	18%	20%	15%
西南	61%	34%	30%	33%	18%	22%	13%
南部沿海	59%	40%	38%	27%	16%	16%	11%
大西北	56%	56%	25%	19%	13%	13%	13%
东部沿海	54%	37%	32%	33%	16%	10%	13%
北部沿海	50%	38%	37%	27%	15%	14%	15%
长江中游	48%	38%	41%	30%	28%	19%	14%

各地区中小企业在人才保留上差异也不明显。“提高企业认同感和归属感”是各行业企业使用最多的留人手段。

留住人才对中小企业保持业务稳定增长、控制人工成本有非常重要的意义。从中小企业的实践来看，提高企业认同感和归属感比高薪更有效。

这启示中小企业，只有不断提高赢利能力，把企业做强，创建充满正能量、富有人性的、符合普世价值观的企业文化，使员工融入企业大家庭中，在服务企业过程中，获得个人职业发展的提升。

F. 老板信心指数为62：且彷徨且前行

1 经营企业的压力稍有缓解

图表 139　有三成老板认为经营压力很大

问：您如何评价经营企业的压力？

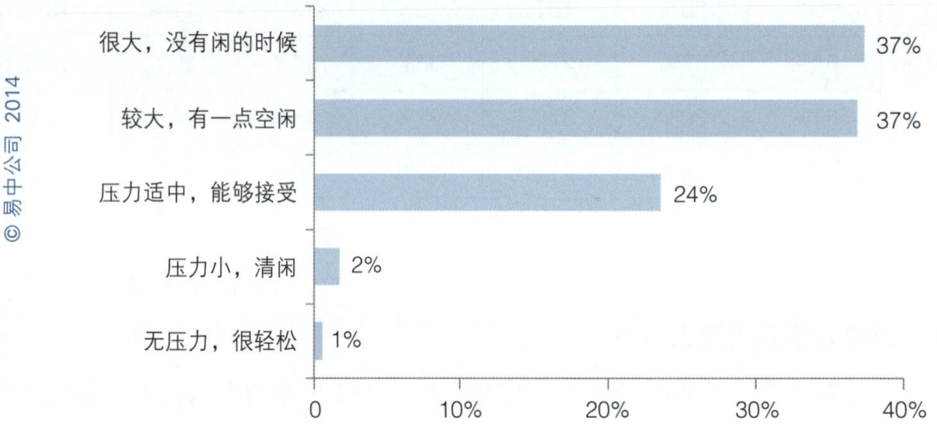

按照一般人的理解，老板应该是更幸福的一群人，因为他们更有钱。但事实真是这样吗？钱币的一面是数值，另一面是委屈、是心酸、是无奈、是孤独、是风险、是压力、是失眠、是责任、是不被理解，在经营企业的压力面前，很多老板没有多少幸福可言。

有 37% 的受访者明确表示经营企业的压力很大，根本没有闲下来的时候；仅有 24% 的受访者表示经营企业的压力适中，可以接受；而认为经营很轻松、没有任何压力的受访老板，几乎没有。

图表 140　经营企业的压力稍有缓解

问：您如何评价经营企业的压力？

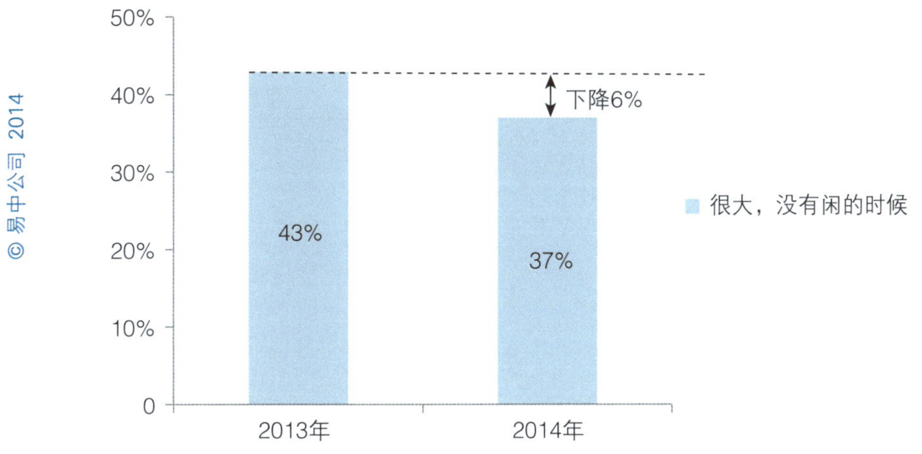

中小企业老板虽然整体承压，但压力却在小幅下降。对比两年数据我们可以发现，认为“压力很大，没有空闲时间”的受访老板，从 2013 年的 43% 下降到 2014 年的 37%。在 2014 年经营情况逐渐好转、国家出台更多利好的政策下，中小企业老板的经营压力稍有降低。

图表 141 原材料企业老板的经营压力最大

问：您如何评价经营企业的压力？

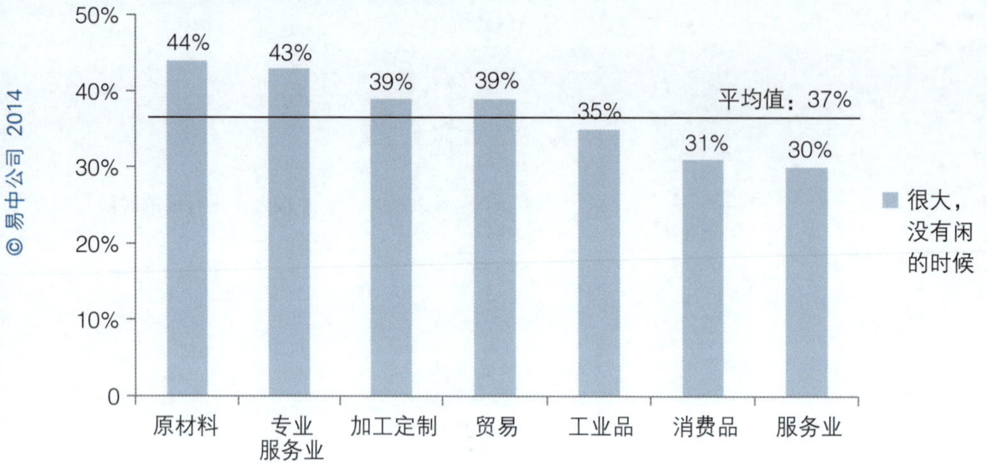

原材料和专业服务业老板，面临的压力远大于其他行业，尤其是原材料行业，有 44% 的受访老板明确表示自己的经营压力很大，没有空闲时间；其次是专业服务业，有 43% 的企业老板持有此观点。

事实上，在原材料行业中，有 38% 的企业负债率超过 30%，为各行业最高，存在过度负债的经营风险，企业老板面临很大的经营压力。

服务业（30%）和消费品（31%）企业老板的经营压力较小，表示“经营压力很大”的老板比例远低于其他行业。

上面提到，服务业是高赢利行业，有 38% 的受访企业其销售利润率在 15% 以上，而消费品是收入增长最为强劲的行业，仅有 13% 的受访企业表示 2013 年营业额下降了，是所有行业中最少的。这两个行业在 2014 年经营状况相对乐观，直接提振了企业经营的信心，也缓解了老板面临的压力。

图表 142　大西北地区的老板面临更大的经营压力

问：您如何评价经营企业的压力？

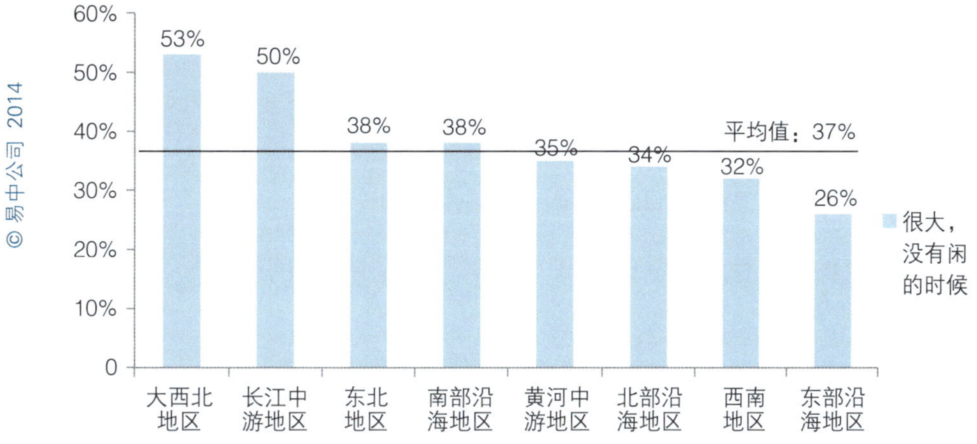

大西北地区和长江中游地区的中小企业老板面临更大的经营压力，分别有 53% 和 50% 的受访老板认为自己的压力很大，这两个数字远远超过 37% 的平均线。

大西北地区和长江中游地区也是对 2014 年税前利润额增长最为悲观的两个地区，尤其是大西北地区，它们中高达 27% 的受访企业预计 2014 年税前利润会下降，远高于其他行业。

与此相对应地，东部沿海和北部沿海地区的中小企业老板经营压力相对较小，它们同属沿海地区企业，这也许和这些地区的老板有不同的生活态度有关。

2 经营信心面临严峻考验

图表 143　不会完全转行，但会扩展至更多行业

问：您是否有转到其他行业的打算？

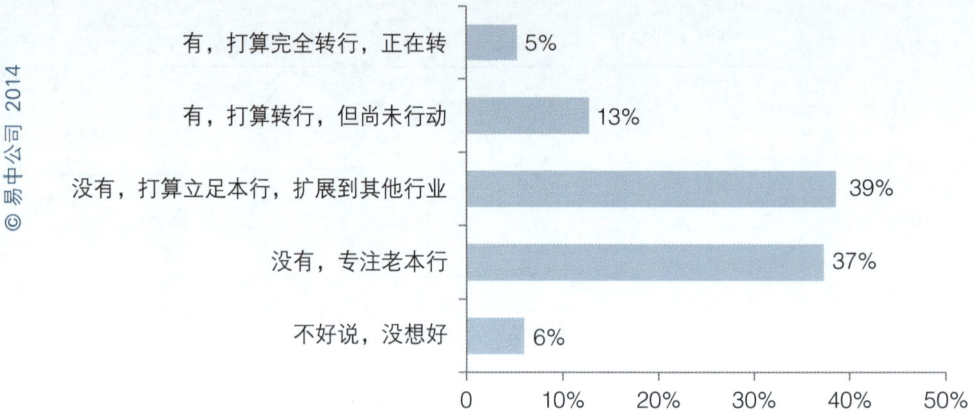

在中小企业老板整体承压的情况下，他们表现出了较强的抗压能力：有 37% 的受访企业老板表示他们会继续坚守本业；另有 39% 的企业表示，即使是扩展至其他行业，也会以本行业为原点，在立足本行业基础上实施。

相对应地，仅有 18% 的受访老板有转行的念头，其中 13% 的受访者尚未采取实际行动，另有 5% 的受访者正在转行过程中。

总体来说，面对强大的经营压力，大多数中小企业老板要么继续坚守本业，要么围绕企业专长出发多元化发展，而没有放弃本行业，频繁转行。这一方面说明，中小企业老板已经越来越成熟，明白发挥企业专长的重要性；另一方面也展现出他们面对压力和挑战、立足本业、做精做深的坚强决心。

图表 144　一半消费品企业表示不会转行

问：您是否有转到其他行业的打算？

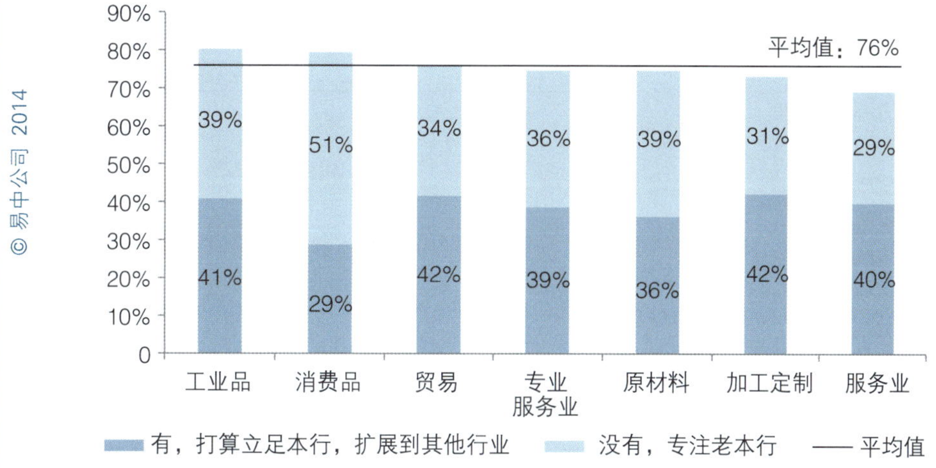

各行业均有 70% 以上的企业老板没有完全转行的打算，其中以工业品行业为最，有 80% 的受访老板会继续坚守本业（39%）或以本行业为原点，延伸至其他行业（41%），不会彻底转行。

值得注意的是，消费品行业里明确表示“不会转行”的企业比例最高，达到了 51%。上文提到，消费品行业是收入增长最为强劲的行业，它们中仅有 13% 的受访企业表示 2013 年营业额下降了，是所有行业中最少的。

图表 145　东北地区有 31% 的老板打算转行，为各地区最高

问：您是否有转到其他行业的打算？

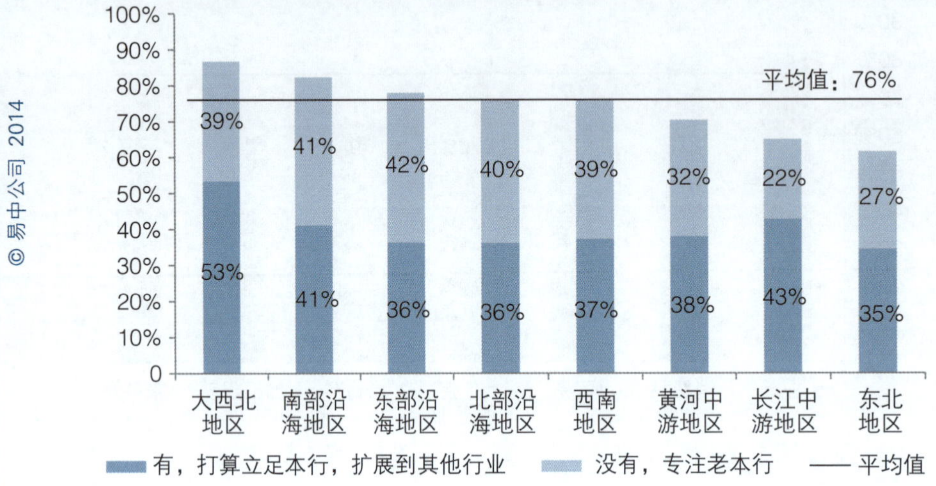

地区不同，转行意向表现出比较大的差异：沿海地区（东部沿海地区 42%、南部沿海地区 41%、北部沿海地区 40%）的中小企业老板，立足本业发展的决心更强，远高于其他内陆企业。

这与他们经营企业的时间更长、经营经验更为丰富有关，他们知道围绕企业专长、发展多元化，比抛弃本业、彻底转行更加安全、更加有效。

图表 146　老板售出企业的意愿更加强烈

问：如果有个人或机构愿意出资购买您的企业，您是否会考虑卖出？

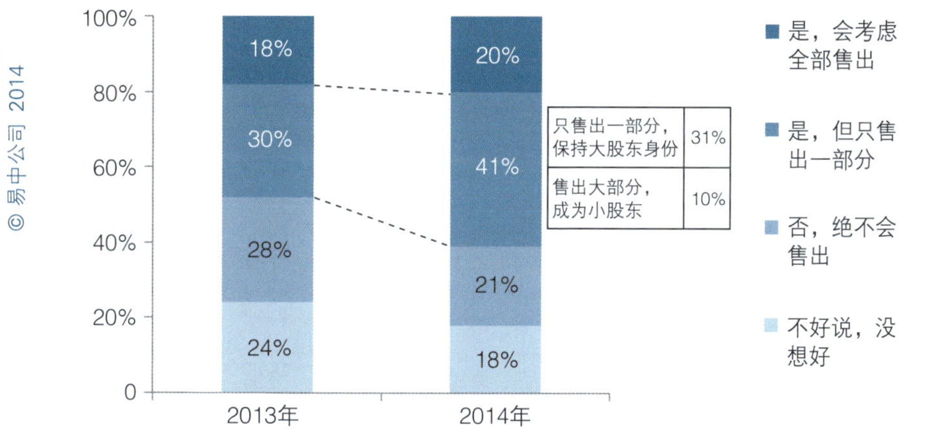

相比 2013 年，老板面临的经营压力虽然有所减弱，但经营信心却没有增强：明确表示会将企业全部或部分售出的老板，从 2013 年的 48% 上升到 2014 年的 61%；明确表示绝不售出的老板，则从 2013 年的 28% 下降到 2014 年 21%。中小企业老板的经营信心面临严峻考验。

这个结果，一方面与社会经济形势越发复杂下成功标准评判模糊有关，另一方面也与有更多的老板更了解资本运作有关。在此作用下，中小企业老板越来越倾向于出售自己的企业，需要引起重视。

图表 147　加工定制业最为坚守，服务业的售出意愿最强

问：如果有个人或机构愿意出资购买您的企业，您是否会考虑卖出？

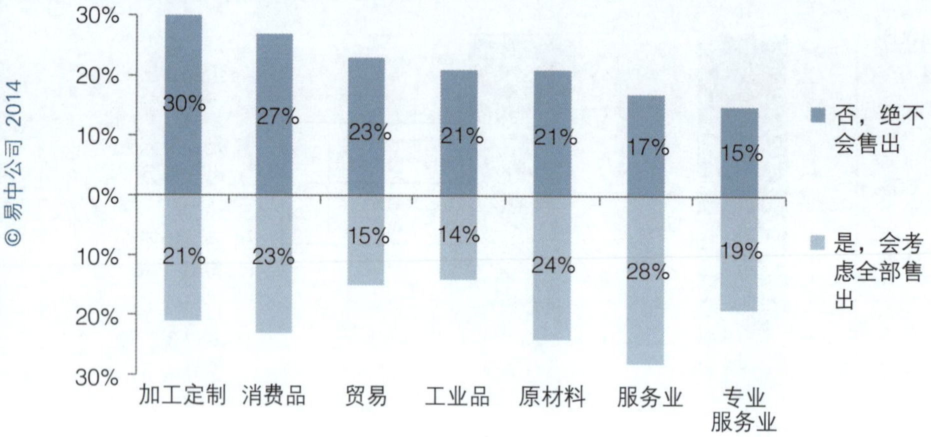

相对于其他行业，加工定制业老板更加愿意坚守企业，他们中有 30% 的受访者明确表示，绝不会把企业卖掉，其次是消费品（27%）和贸易行业（23%）。而专业服务业老板，由于面临更大的经营压力（有 43% 的受访老板表示压力很大，几乎没有空闲时间），表示绝不卖掉企业的比例最低，仅为 15%。造成这个结果的其中一个原因是，加工定制业、贸易类企业通常不像原材料、专业服务业等行业拥有可以出售的有形和无形资产。

观察选择“是，会考虑全部卖出”的数据，我们发现一个有意思的现象：越是经营状况不错、赢利能力强的行业，老板售出企业的意愿也越强。服务业是赢利能力最强的行业，原材料是 2014 年经营预期最好的行业，消费品是收入增长最为强劲的行业，这三个行业中，分别有 28%、24% 和 23% 的受访者表示，会“考虑把企业全部卖出”。这背后的原因是：通常利润高的企业比较受投资者关注，售出的机会较多。

图表 148　北部沿海地区最为坚守，大西北的售出意愿最强

问：如果有个人或机构愿意出资购买您的企业，您是否会考虑卖出？

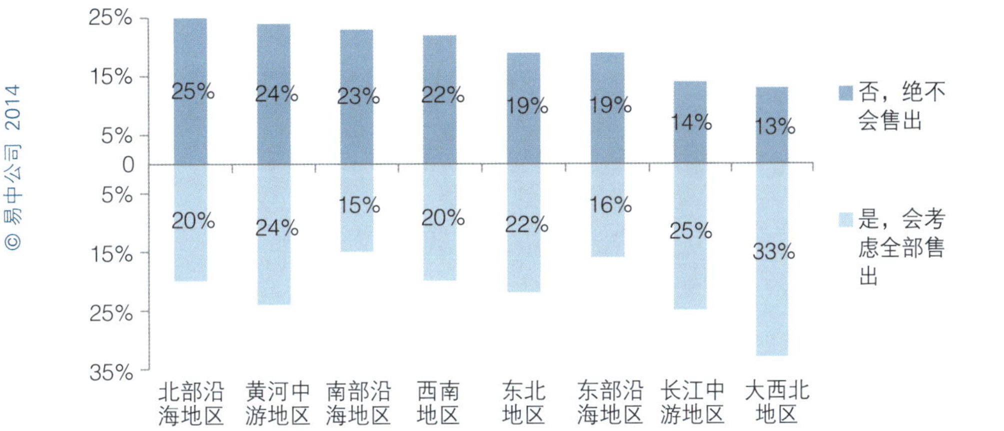

北部沿海地区的中小企业老板，更加坚守自己的企业，有 1/4 的老板表示不会把企业卖掉，其次是黄河中游地区（24%）和南部沿海地区（23%）。

观察选择“是，会考虑全部售出”的数据，我们还发现一个有意思的规律：越是收入增长预期差的地区，老板售出企业的意愿越强烈。在问到对 2014 年税前利润的增长预期时，预期最差的三个地区分别是大西北、长江中游地区和黄河中游地区，而这三个地区同时也是老板售出企业意愿最强的地区，分别有 33%、25% 和 24% 的受访者表示，如果有人愿意出资，他会“考虑把企业全部售出”。

图表 149　62% 的中小企业老板没有移民打算

问：您是否有移民的打算？

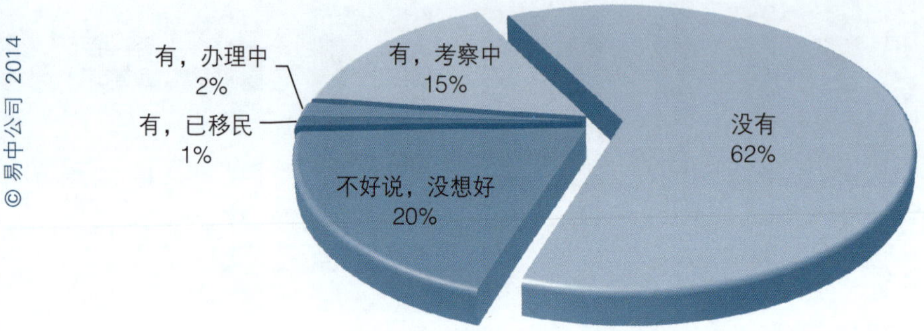

在问到是否会移民时，六成以上的中小企业老板表示不会，这一数字远远高于会移民的老板比例（18%）。

在所有受访老板中，15% 的人“正在考察中”，2% 的人“正在办理中”，还有 1% 的人已经移民了。

此外，也有 20% 的受访老板还没有想好是否要移民，比较犹豫，这一部分老板也有可能转化为移民者。这个数字和媒体报道中经常出现的“大量老板移民”的说法不同，一个主要原因是，受不同行业、不同区域、不同企业规模影响，老板的移民倾向有很大差异。

图表 150　原材料老板移民倾向最弱，专业服务业老板移民倾向最强

问：您是否有移民的打算？

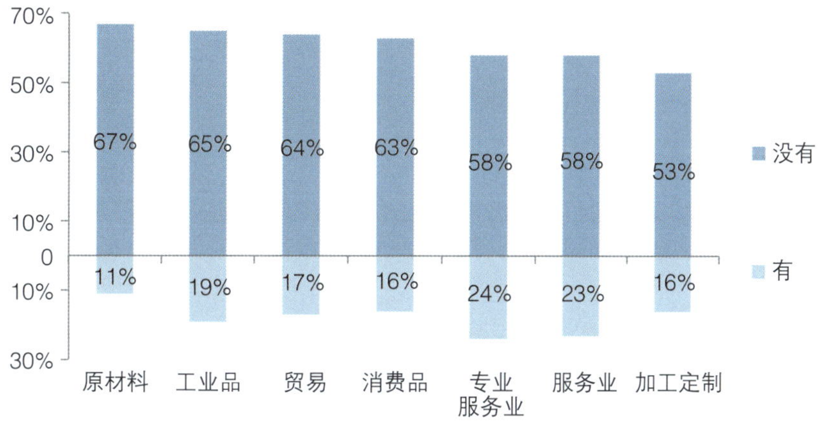

观察“没有移民打算”的分行业数据，我们发现各行业差异并不明显，均有一半以上的受访老板表示，暂时没有移民的打算。

但是“有移民打算”的分行业数据差异较大：专业服务业的老板，移民倾向更为突出，24% 的受访者明确表示“有移民打算”，其次是服务业（23%）。这两个行业里的中小企业老板，由于主要是靠自己的技能赚钱且没有资产转移的负担，更容易走上移民的道路。

图表 151　内陆地区移民倾向偏低，沿海地区移民倾向偏高

问：您是否有移民的打算？

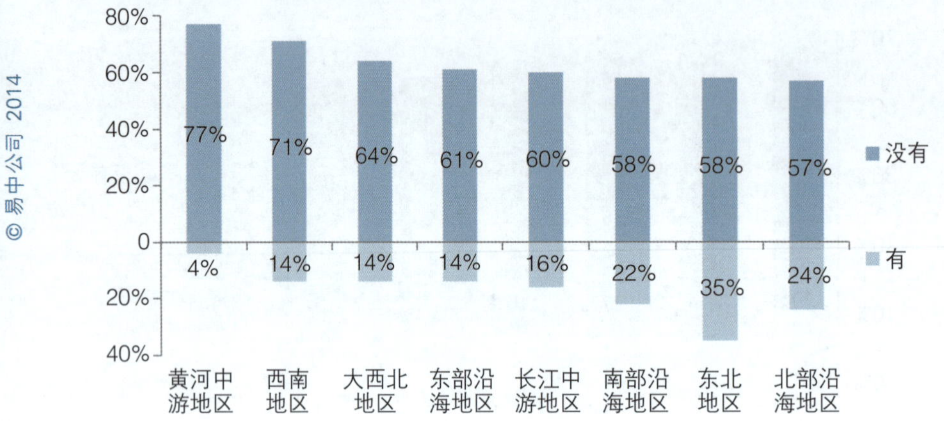

内陆地区（黄河中游地区 77%、西南地区 71%、大西北地区 64%）的中小企业老板，移民意愿较低，而沿海地区（北部沿海地区 24%、南部沿海地区 22%）的中小企业老板，移民意愿较高。这比较容易理解，因为沿海地区的老板接触国外的机会远大于内陆地区。

值得注意的是，东北地区的中小企业老板，移民意愿更为强烈，超过 1/3（35%）的受访者有移民的打算，这一数字比经济发达的沿海地区高出至少 10 个百分点，这可能与东北地区经营环境较差有关。

3 近六成老板在考虑接班人问题，内部培养的高管是理想人选

图表 152　58% 的老板考虑过接班人的问题

问：您是否考虑过接班人的问题？

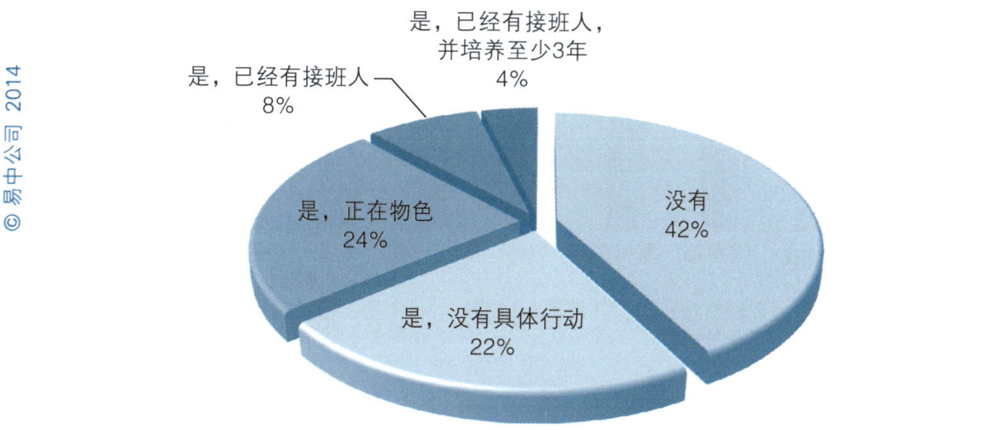

近六成（58%）中小企业老板表示，曾经考虑过接班人的问题。其中，有 22% 的老板仅处于考虑阶段，还未采取行动，有 24% 的老板正在物色合适人选，还有 8% 的老板已经有了自己的接班人，仅有 4% 的老板表示，已经对选中的接班人培养了 3 年。

我们也应该看到，仍然有 42% 的受访老板从未考虑过接班人的问题，一方面可能与这部分老板年龄偏小有关，另一方面也说明这些老板的接班人意识淡薄，人才培养计划不完善。

老板的接班人与企业发展息息相关，是企业生命的延续。随着企业经营年限的增长，企业老板需要或多或少地考虑接班人的问题，提前做好人员铺垫和培养计划，未雨绸缪才能有的放矢。

图表 153 加工定制、原材料和消费品行业，接班人计划做得最好

问：您是否考虑过接班人的问题？

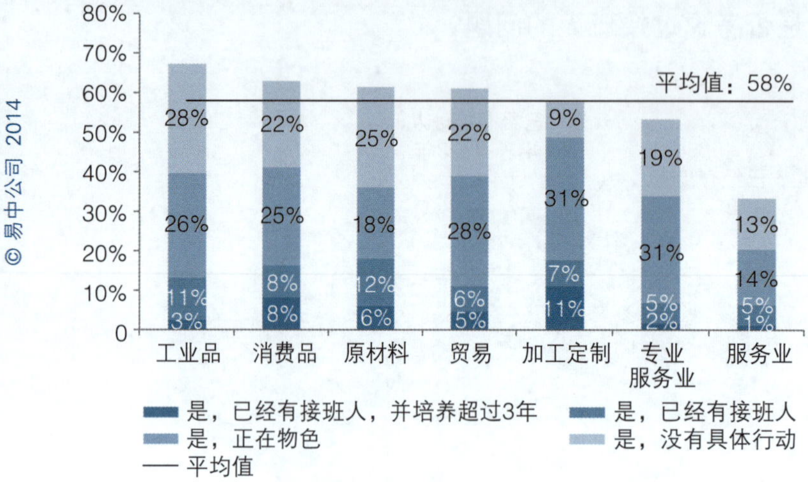

工业品行业中，有 68% 的受访老板考虑过接班人的问题，是所有行业中比例最高的，其次是消费品（63%）和原材料（61%）行业。

总体来看，加工定制、原材料和消费品是接班人计划做得最好的三个行业，分别有 18%、18% 和 16% 的受访企业已经有了合适的接班人。在加工定制和消费品行业中，甚至有 11% 和 8% 的受访企业，已对选中的接班人培养了 3 年。

图表 154 西北、西南、东北地区老板考虑过接班人问题的最多

问：您是否考虑过接班人的问题？

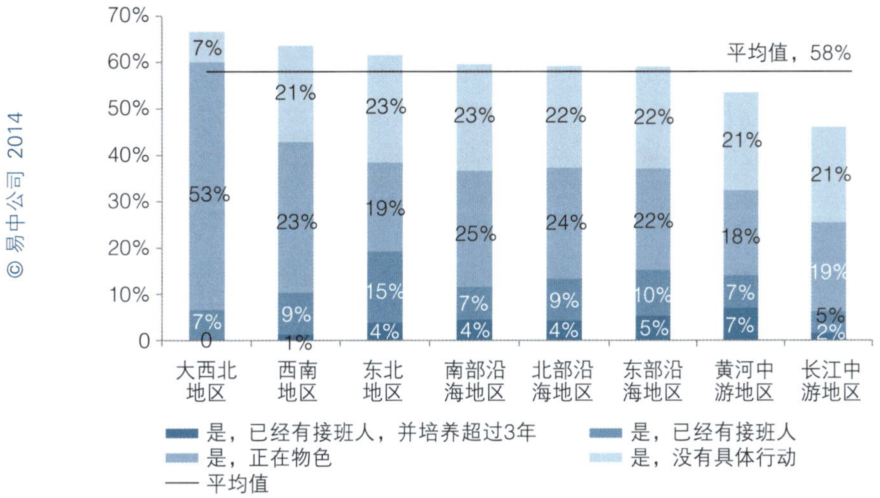

大西北地区，有 67% 的受访老板考虑过接班人的问题，是所有地区中比例最高的，其次是西南地区和东北地区。

总体来看，东北地区、东部沿海地区和黄河中游地区的中小企业，接班人计划做得最好，分别有 19%、15% 和 14% 的受访企业已经有了合适的接班人。在黄河中游地区和东部沿海地区，甚至有 7% 和 5% 的受访企业已对接班人培养了 3 年。

图表 155　内部培养的高管是最理想的接班人

问：您理想的接班人是谁？

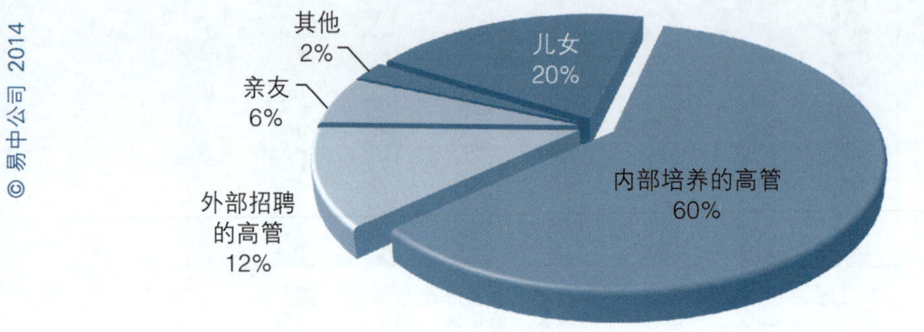

那么，谁是老板心目中理想的接班人呢？六成老板认为是“内部培养的高管”，20% 的老板认为是自己的子女，另有 12% 的老板认为是空降过来的职业经理人，仅有 6% 的老板认为是亲友。

值得注意的是，在接班人问题上，中小企业老板已经不再固守传统，一味将企业交接给自己的儿女，而是更多地从内部培养，选拔合适的高管担当此任，这有利于企业的长远发展。

无论是内部选拔、儿女接班还是外部招聘，易中建议：

（1）老板应该注重培养接班人的职业经理人素质和企业家精神，给接班人足够的学习时间和治理空间。

（2）老板应该系统地培养一群人，而不是刻意培养一个人。这不仅仅是老板的任务，还应该是每个管理者的任务。如果每一层管理者都关注人才和接班人培养，企业就会不断有新的、有能力的领导者出现。

（3）老板不仅要从自己的后代、内部高管和外部空降兵寻找接班人，更应该从基层开始培养大量有经营意识和管理能力的领导者。一个成熟企业的未来，应该靠人才的系统培养，而非靠一个人的选拔，这才是更正确、更可靠的选择。

G. 对标行业最好和最坏：30项经营管理关键指标的整体及行业标准

1 经营管理关键指标的定义

易中公司研发的“30 项经营管理关键指标”，从中小企业经营管理核心要务中提炼，是反映企业经营管理好坏的风向标。掌握这些关键指标，有利于抓住中小企业经营管理的重点，并在分行业对比各企业表现基础上，对标行业最好和最坏，了解自己企业所处的位置。

易中公司的“30 项经营管理关键指标”共分为4个二级指标：经营健康度指标、成长潜力指标、管理成熟度指标、老板信心指标。具体如下：

图表 156　经营健康度指标

类别	编号	指标
收入	1	营业额增长
	2	人均营业额
利润	3	税前利润额增长
	4	销售利润率
费用	5	销售费用营业额占比
	6	直接成本营业额占比
	7	管理费用营业额占比
	8	平均涨薪幅度
	9	全部人工费用增幅
	10	人均人工费用
资金	11	负债率
	12	借款利率
	13	投资理财利率

图表 157 成长潜力指标

类别	编号	指标
客户	14	老客户回头率
	15	新客户营业额占比
产品	16	主导产品市场占有率
	17	新产品营业额占比
技术	18	研发支出营业额占比
	19	研发、技术人员数量占比

图表 158 管理成熟度指标

类别	编号	指标
管理	20	战略、组织调整机制
	21	中高层决策机制
	22	精细核算机制
	23	人事考核机制
	24	经营管理报告制度
	25	会议管理制度

图表 159 老板信心指标

类别	编号	指标
老板信心	26	企业出售打算意向
	27	转行打算意向
	28	移民打算意向
	29	新投资意向
	30	员工数量计划

2 经营管理关键指标的划分与用途

我们对每一个经营管理关键指标，都给出一个最好值、中间值和最坏值。其中，经营健康度指标和成长潜力指标，给出最好的 25% 的值、最差的 25% 的值和中间的 50% 的值。

此外，我们还将每一个经营管理关键指标细分到行业，每个企业都可以根据自己行业的关键指标标准，看到行业中最好的企业做到什么程度，最差的企业做到什么程度，从而看到自己的企业在这个指标上，是名列前茅的还是比较落后的。

这是中小企业对标行业最好和最坏的有效工具，也可以作为设定经营管理目标、调整经营战略方向的数据参考。

3 经营管理关键指标的对标

3.1 经营健康度指标对标

3.1.1 营业额增长对标

图表 160 中小企业总体营业额增长对标

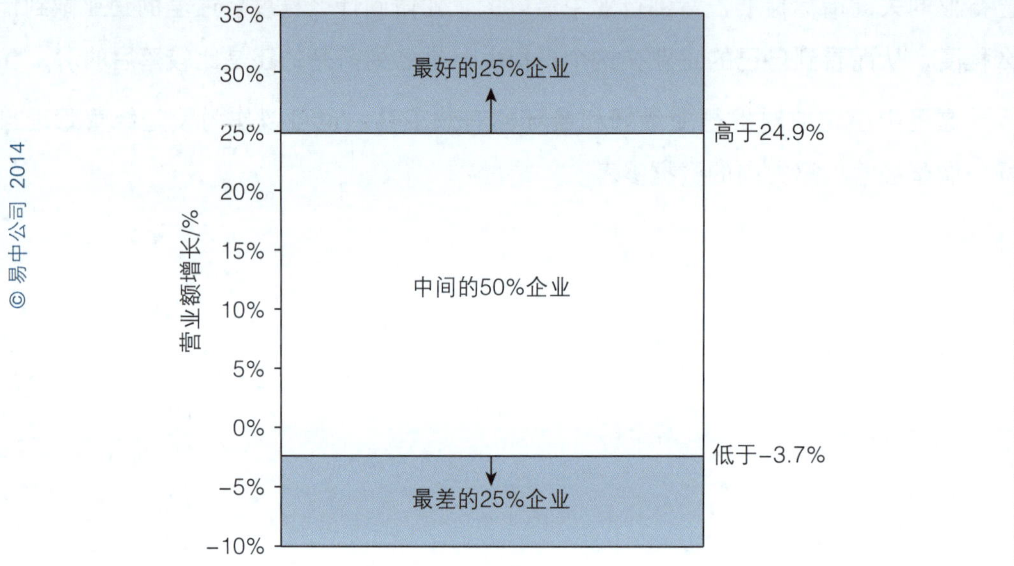

对标标准：最好的 25% 企业，其 2013 年营业额增长超过 24.9%；最差的 25% 企业，其 2013 年营业额增长低于 –3.7%。

图表 161　各行业营业额增长对标标准

行业	最差的 25%	最好的 25%
专业服务业	低于 0.4%	高于 31.3%
消费品	低于 –0.9%	高于 27.8%
服务业	低于 –2.4%	高于 27.8%
原材料	低于 –4.3%	高于 24.3%
工业品	低于 –3.5%	高于 20.0%
贸易	低于 –3.6%	高于 19.2%
加工定制	低于 –2.9%	高于 18.8%

各行业对标标准：最好的 25% 专业服务业企业，其 2013 年营业额增长超过 31.3%，消费品和服务业营业额增长也超过 27.8%，高于各行业的平均值。

3.1.2 人均营业额对标

图表 162 中小企业总体人均营业额对标

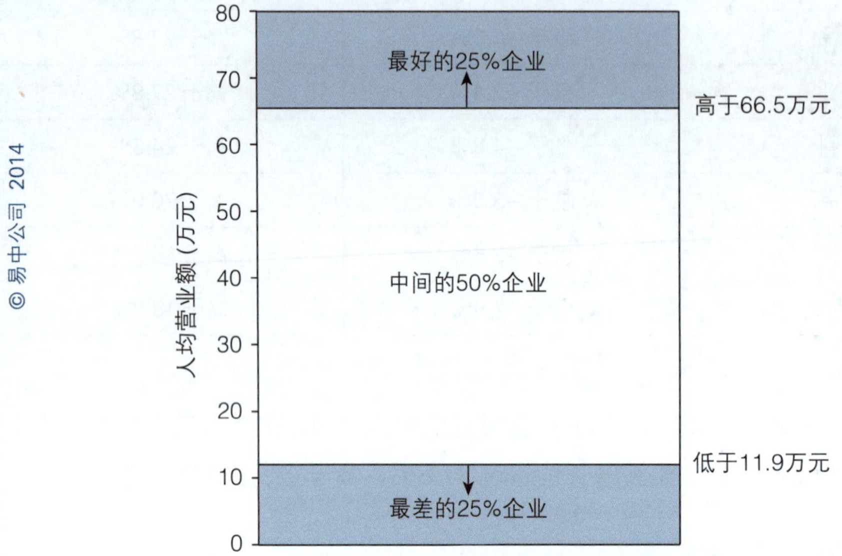

对标标准：最好的 25% 企业，其 2013 年人均营业额超过 66.5 万元；最差的 25% 企业，其 2013 年人均营业额低于 11.9 万元。

图表 163　各行业人均营业额对标 （单位：万元）

行业	最差的 25%	最好的 25%
贸易	低于 15.5	高于 122.2
原材料	低于 19.5	高于 111.1
服务业	低于 7.7	高于 72.7
消费品	低于 14.5	高于 64.7
工业品	低于 14.6	高于 61.5
专业服务业	低于 8.3	高于 50.0
加工定制	低于 9.8	高于 48.0

各行业对标标准：最好的 25% 贸易行业企业，其 2013 年人均营业额高于 122.2 万元，原材料和服务业企业，也分别高于 111.1 万元、72.7 万元，超过各行业平均值。

3.1.3 税前利润额增长对标

图表 164　中小企业总体税前利润额增长对标

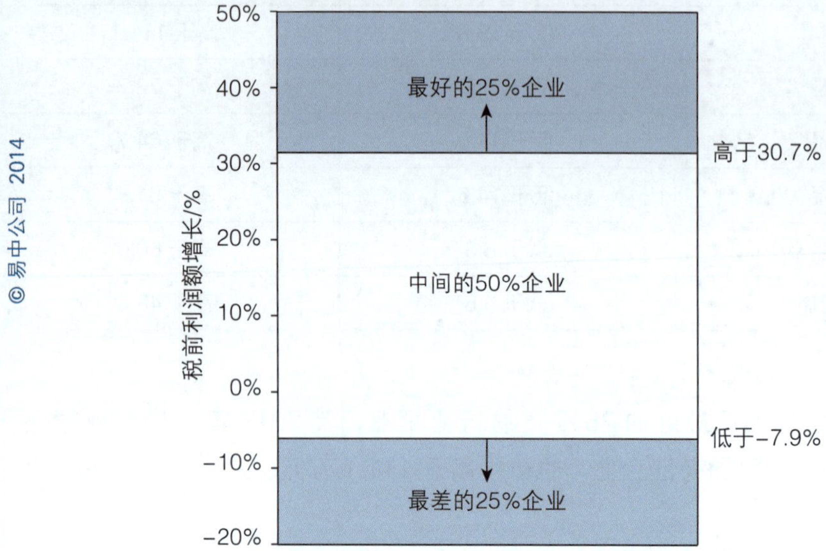

对标标准：最好的 25% 企业，其 2013 年税前利润额增长超过 30.7%；最差的 25% 企业，其 2013 年税前利润额增长低于 -7.9%。

图表 165　各行业税前利润额增长对标

行业	最差的 25%	最好的 25%
专业服务业	低于 –3.8%	高于 44.0%
原材料	低于 –8.3%	高于 39.3%
服务业	低于 –3.9%	高于 32.5%
工业品	低于 –5.1%	高于 31.3%
加工定制	低于 –17.2%	高于 25.0%
消费品	低于 –6.9%	高于 24.2%
贸易	低于 –12.2%	高于 18.6%

各行业对标标准：最好的 25% 专业服务行业企业，其 2013 年税前利润额增长高于 44.0%，原材料和服务业企业也分别高于 39.3%、32.5%，超过各行业平均值。

3.1.4 销售利润率对标

图表 166 中小企业总体销售利润率对标

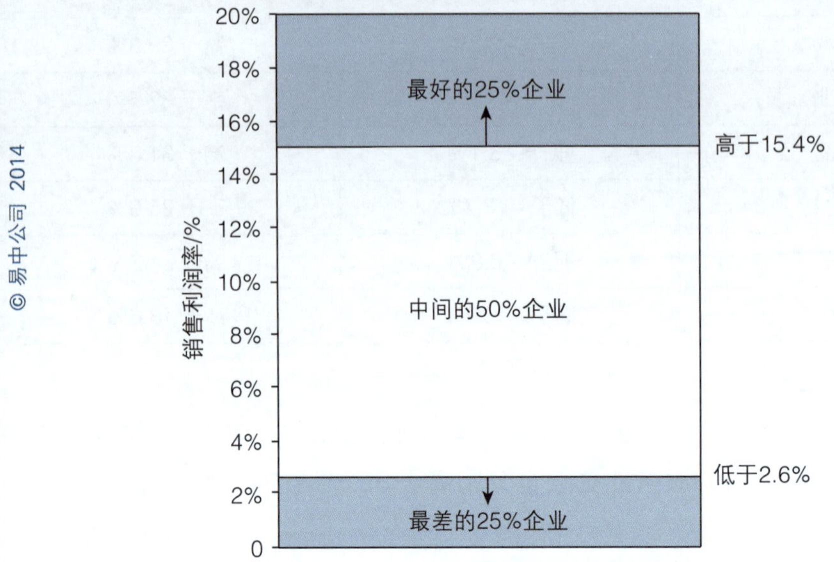

对标标准：最好的 25% 企业，其 2013 年销售利润率超过 15.4%；最差的 25% 企业，其 2013 年销售利润率低于 2.6%。

图表 167　各行业销售利润率对标

行业	最差的 25%	最好的 25%
服务业	低于 4.1%	高于 19.2%
专业服务业	低于 –2.0%	高于 17.3%
消费品	低于 2.7%	高于 15.6%
工业品	低于 4.3%	高于 15.1%
原材料	低于 3.5%	高于 13.8%
加工定制	低于 1.7%	高于 13.5%
贸易	低于 2.4%	高于 12.9%

各行业对标标准：最好的 25% 服务行业企业，其 2013 年销售利润率高于 19.2%，专业服务业和消费品行业也分别高于 17.3%、15.6%，超过各行业平均值。

3.1.5 销售费用营业额占比对标

图表 168 中小企业总体销售费用营业额占比对标

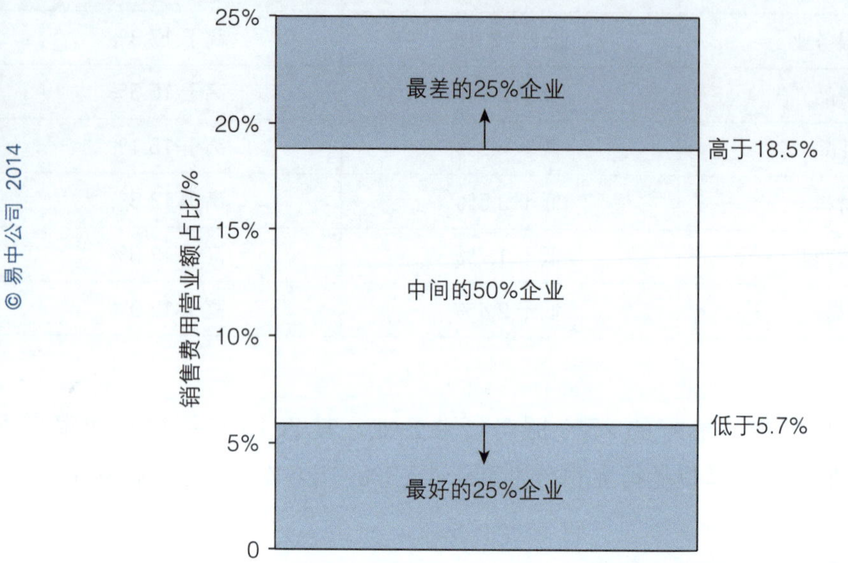

对标标准：最好的 25% 企业，其 2013 年销售费用营业额占比低于 5.7%；最差的 25% 企业，其 2013 年销售费用营业额占比高于 18.5%。

图表 169 各行业销售费用营业额占比对标

行业	最差的 25%	最好的 25%
专业服务业	高于 22.0%	低于 7.8%
服务业	高于 25.8%	低于 7.1%
消费品	高于 18.8%	低于 6.8%
贸易	高于 19.2%	低于 6.6%
工业品	高于 15.3%	低于 5.5%
原材料	高于 16.1%	低于 3.6%
加工定制	高于 12.5%	低于 3.0%

各行业对标标准：最好的 25% 加工定制行业企业，其 2013 年销售费用营业额占比低于 3.0%，原材料和工业品行业也分别低于 3.6%、5.5%，超过各行业平均值。

3.1.6 直接成本营业额占比对标

图表 170 中小企业总体直接成本营业额占比对标

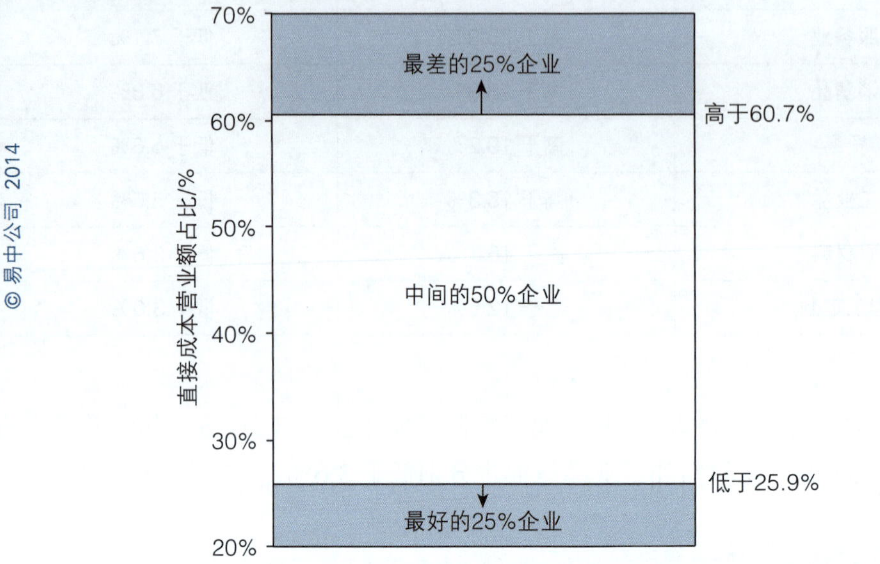

对标标准：最好的 25% 企业，其 2013 年直接成本营业额占比低于 25.9%；最差的 25% 企业，其 2013 年销售费用营业额占比高于 60.7%。

图表 171　各行业直接成本营业额占比对标

行业	最差的 25%	最好的 25%
消费品	高于 60.8%	低于 35.4%
工业品	高于 61.5%	低于 32.2%
原材料	高于 68.8%	低于 31.1%
加工定制	高于 58.8%	低于 29.5%
贸易	高于 68.3%	低于 25.7%
服务业	高于 43.3%	低于 20.0%
专业服务业	高于 48.6%	低于 12.9%

各行业对标标准：最好的 25% 专业服务业企业，其 2013 年直接成本营业额占比低于 12.9%，服务业和贸易行业也分别低于 20%、25.7%，超过各行业平均值。

3.1.7 管理费用营业额占比对标

图表 172　中小企业总体管理费用营业额占比对标

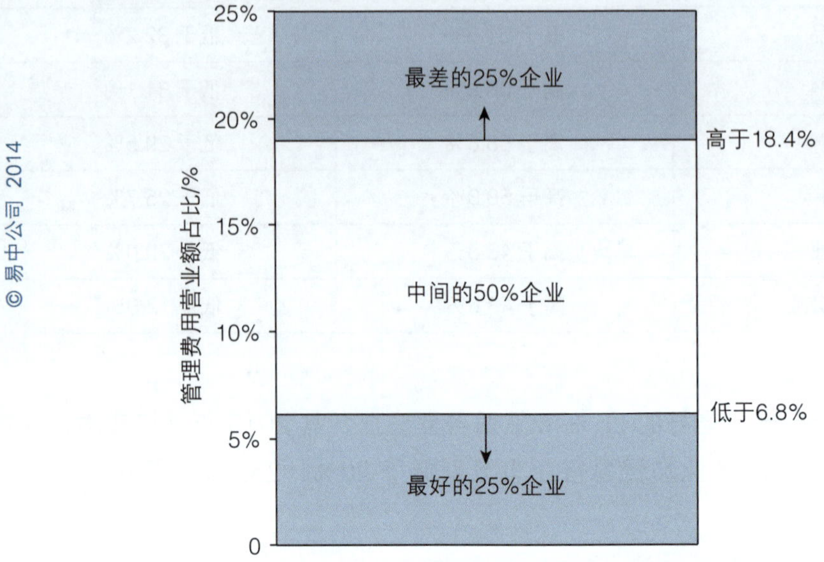

对标标准：最好的 25% 企业，其 2013 年管理费用营业额占比低于 6.8%；最差的 25% 企业，其 2013 年管理费用营业额占比高于 18.4%。

图表 173　各行业管理费用营业额占比对标

行业	最差的 25%	最好的 25%
服务业	高于 24.5%	低于 9.1%
专业服务业	高于 21.0%	低于 7.7%
工业品	高于 16.6%	低于 7.0%
加工定制	高于 16.4%	低于 6.5%
消费品	高于 15.8%	低于 6.4%
原材料	高于 19.4%	低于 6.3%
贸易	高于 17.0%	低于 5.0%

各行业对标标准：最好的 25% 贸易行业企业，其 2013 年管理费用营业额占比低于 5.0%，原材料和消费品行业也分别低于 6.3%、6.4%，超过各行业平均值。

3.1.8 平均涨薪幅度对比对标

图表 174 中小企业总体平均涨薪幅度对标

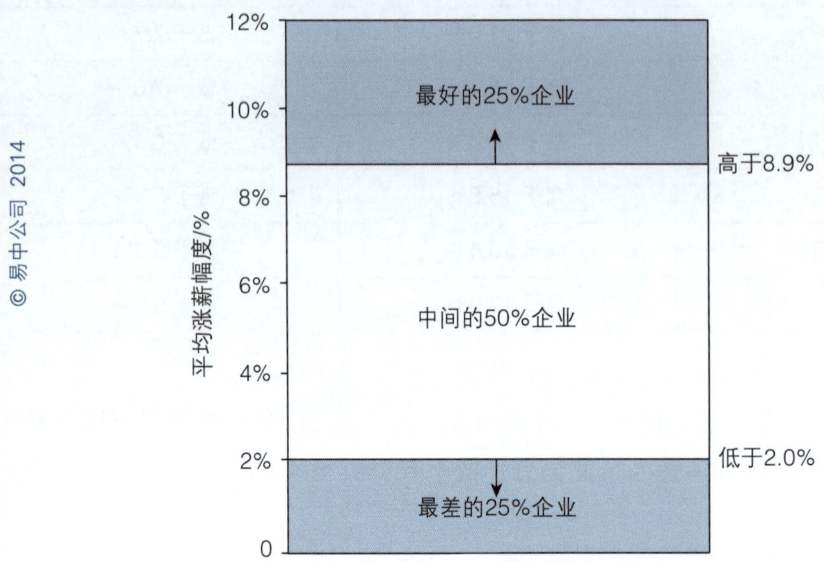

对标标准：高涨幅的 25% 企业，其 2013 年平均涨薪幅度高于 8.9%；低涨幅的 25% 企业，其 2013 年平均涨薪幅度低于 2.0%。

图表 175　各行业平均涨薪幅度对标

行业	最差的 25%	最好的 25%
消费品	低于 2.6%	高于 9.5%
专业服务业	低于 2.4%	高于 9.3%
工业品	低于 3.1%	高于 8.9%
贸易	低于 1.9%	高于 8.8%
原材料	低于 0.4%	高于 8.6%
服务业	低于 1.7%	高于 8.6%
加工定制	低于 0.5%	高于 8.5%

各行业对标标准：高涨幅的 25% 消费品行业企业，其 2013 年平均涨薪幅度高于 9.5%，专业服务业和工业品行业也分别高于 9.3%、8.9%，超过各行业平均值。

3.1.9 全部人工费用增幅对标

图表 176　中小企业总体全部人工费用增幅对标

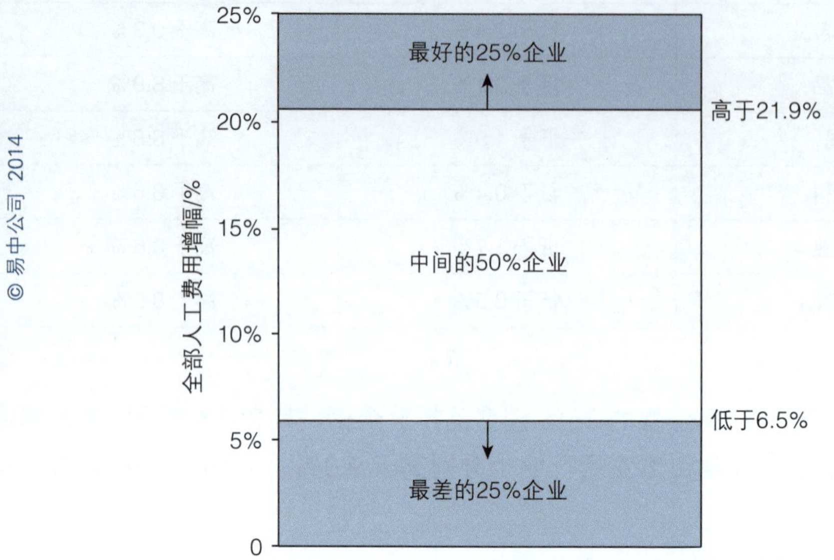

对标标准：高涨幅的 25% 企业，其 2013 年全部人工费用增幅高于 21.9%；低涨幅的 25% 企业，其 2013 年全部人工费用增幅低于 6.5%。

图表 177　各行业全部人工费用增幅对标

行业	最差的 25%	最好的 25%
专业服务业	低于 6.8%	高于 28.4%
贸易	低于 7.4%	高于 24.8%
加工定制	低于 5.7%	高于 23.6%
服务业	低于 6.7%	高于 22.2%
消费品	低于 6.2%	高于 20.8%
工业品	低于 7.0%	高于 19.0%
原材料	低于 4.5%	高于 18.4%

各行业对标标准：高涨幅的 25% 专业服务业企业，其 2013 年全部人工费用增幅高于 28.4%，贸易和加工定制行业也分别高于 24.8%、23.6%，超过各行业平均值。

3.1.10 人均人工费用对标

图表 178 中小企业总体人均人工费用对标

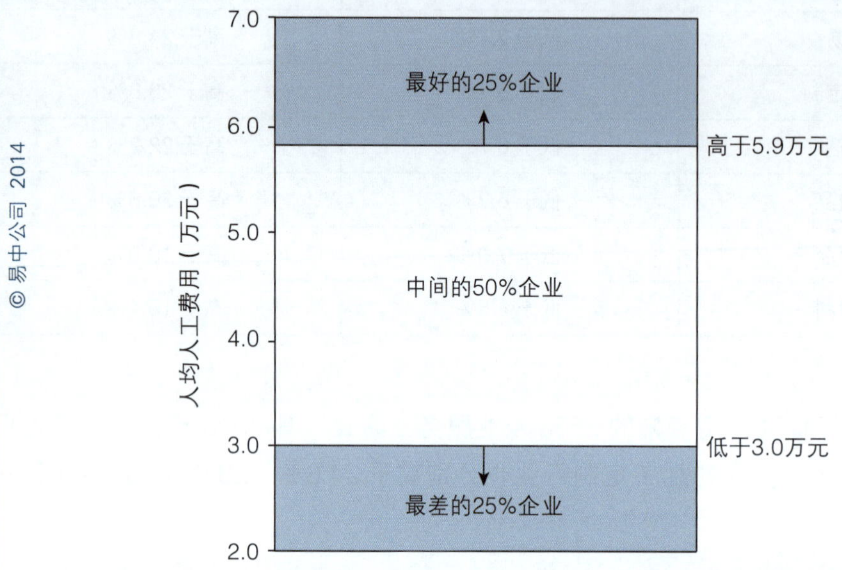

对标标准：高人工费用的 25% 企业，其 2013 年人均人工费用高于 5.9 万元；低人工费用的 25% 企业，其 2013 年人均人工费用低于 3.0 万元。

图表 179　各行业人均人工费用对标（单位：万元）

行业	最差的 25%	最好的 25%
专业服务业	低于 2.8	高于 6.6
原材料	低于 3.1	高于 6.1
工业品	低于 3.4	高于 6.1
加工定制	低于 3.3	高于 5.9
贸易	低于 2.3	高于 5.7
服务业	低于 2.4	高于 5.4
消费品	低于 3.1	高于 4.9

各行业对标标准：高人工费用的 25% 专业服务业企业，其 2013 年人均人工费用高于 6.6 万元，原材料和工业品行业也高于 6.1 万元，超过各行业平均值。

3.1.11 负债率对标

图表 180　中小企业总体负债率对标

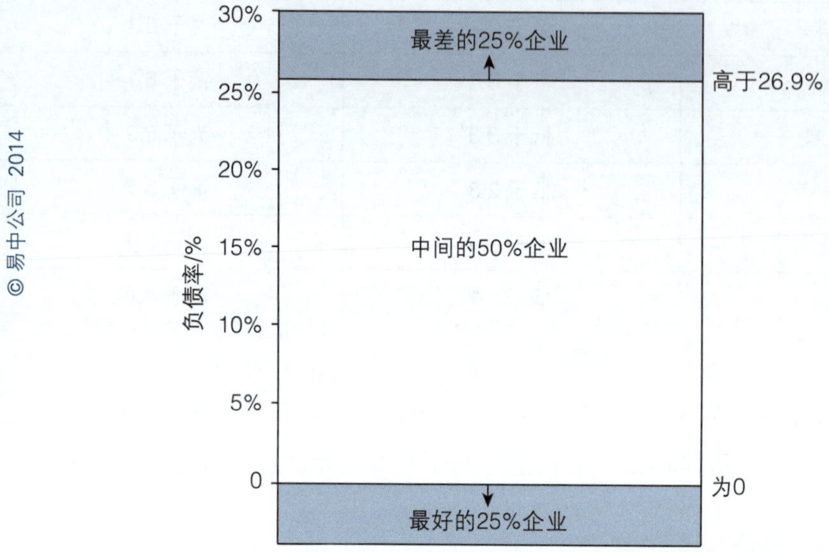

对标标准：最好的 25% 企业，其 2013 年负债率为 0；最差的 25% 企业，其 2013 年负债率高于 26.9%。

图表 181　各行业负债率对标

行业	最差的 25%	最好的 25%
原材料	高于 48.3%	低于 2.1%
消费品	高于 26.3%	低于 1.0%
工业品	高于 22.1%	0
加工定制	高于 25.0%	0
服务业	高于 26.9%	0
专业服务业	高于 19.1%	0
贸易	高于 34.0%	0

各行业对标标准：最好的 25% 贸易、专业服务、服务业、工业品和加工定制业企业负债率均为 0。

3.1.12 借款利率对标

图表 182　中小企业总体借款利率对标

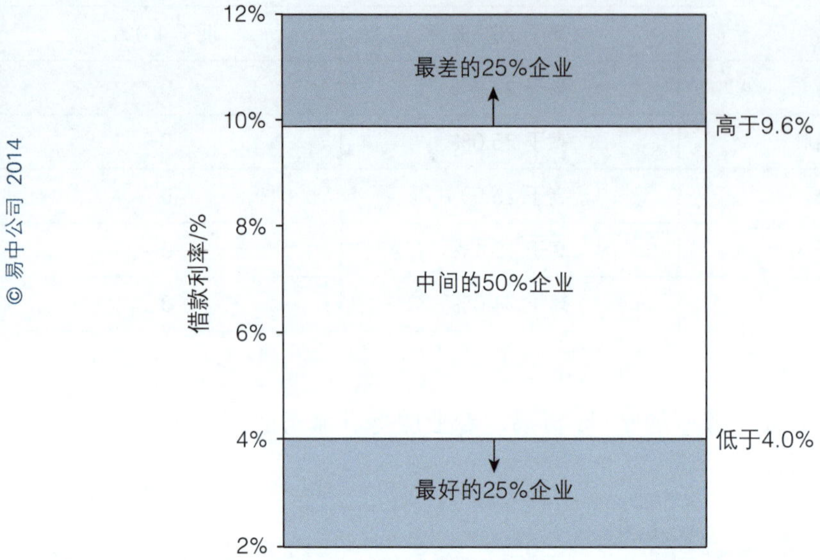

对标标准：最好的 25% 企业，其 2013 年借款利率低于 4.0%；最差的 25% 企业，其 2013 年借款利率高于 9.6%。

图表 183　各行业借款利率对标

行业	最差的 25%	最好的 25%
原材料	高于 10.6%	低于 4.8%
工业品	高于 9.1%	低于 4.6%
消费品	高于 9.9%	低于 4.3%
服务业	高于 9.6%	低于 3.7%
贸易	高于 9.6%	低于 3.7%
专业服务业	高于 9.8%	低于 3.6%
加工定制	高于 9.2%	低于 3.2%

各行业对标标准：最好的 25% 加工定制行业企业，其 2013 年借款利率低于 3.2%，专业服务业低于 3.6%，贸易和服务业均低于 3.7%，超过各行业平均值。

3.1.13 投资理财利率对标

图表 184 中小企业总体投资理财利率对标

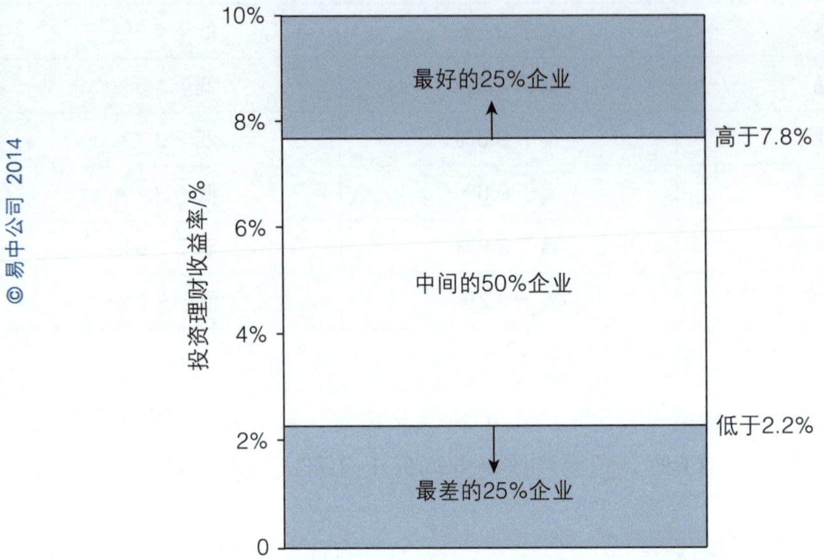

对标标准：最好的 25% 企业，其 2013 年投资理财利率高于 7.8%；最差的 25% 企业，其 2013 年投资理财利率低于 2.2%。

图表 185　各行业投资理财利率对标

行业	最差的 25%	最好的 25%
服务业	低于 2.8%	高于 9.6%
原材料	低于 2.2%	高于 8.7%
消费品	低于 2.4%	高于 8.2%
工业品	低于 2.1%	高于 7.6%
专业服务业	低于 2.2%	高于 7.3%
加工定制	低于 1.9%	高于 6.8%
贸易	低于 2.0%	高于 6.8%

各行业对标标准：最好的 25% 服务行业企业，其投资理财利率高于 9.6%，原材料和消费品行业分别高于 8.7%、8.2%，超过各行业平均值。

3.2 成长潜力指标对标

3.2.1 老客户回头率对标

图表 186 中小企业总体老客户回头率对标

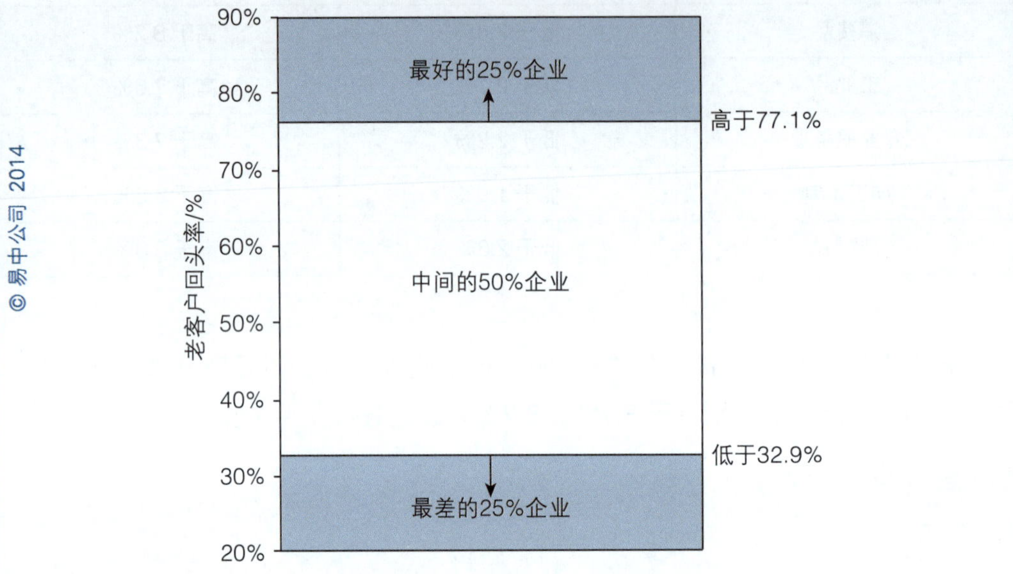

对标标准：最好的 25% 企业老客户回头率高于 77.1%；最差的 25% 企业老客户回头率低于 32.9%。

图表 187　各行业老客户回头率对标

行业	最差的 25%	最好的 25%
加工定制	低于 47.5%	高于 85.9%
原材料	低于 36.9%	高于 83.8%
工业品	低于 33.6%	高于 79.4%
消费品	低于 34.3%	高于 77.0%
贸易	低于 33.1%	高于 73.3%
专业服务业	低于 22.5%	高于 72.3%
服务业	低于 32.9%	高于 63.8%

各行业对标标准：最好的 25% 加工定制行业企业老客户回头率高于 85.9%，原材料和工业品行业分别高于 83.8%、79.4%，超过各行业平均值。

3.2.2 新客户营业额占比对标

图表 188　中小企业总体新客户营业额占比对标

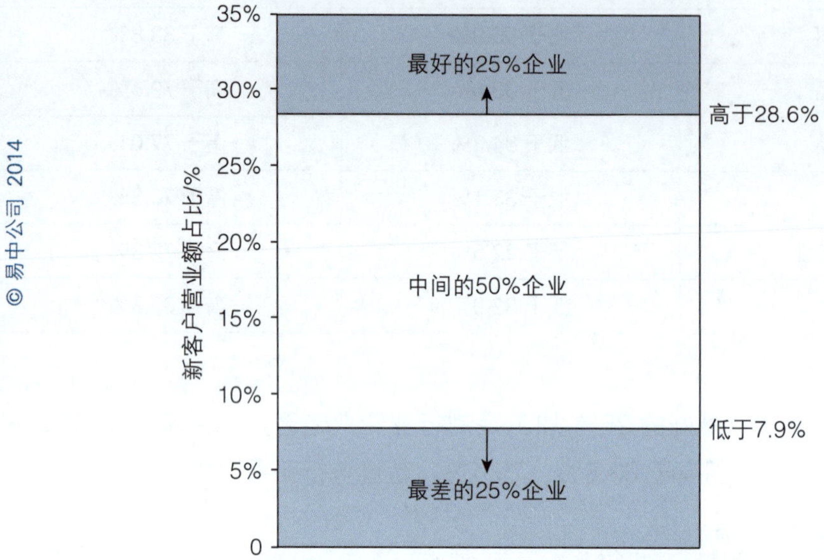

对标标准：最好的 25% 企业，其新客户营业额占比高于 28.6%；最差的 25% 企业，其新客户营业额占比低于 7.9%。

图表 189　各行业新客户营业额占比对标

行业	最差的 25%	最好的 25%
专业服务业	低于 9.4%	高于 40.7%
消费品	低于 12.2%	高于 36.2%
服务业	低于 10.4%	高于 31.8%
贸易	低于 7.9%	高于 28.8%
工业品	低于 7.1%	高于 27.8%
原材料	低于 5.9%	高于 23.9%
加工定制	低于 6.9%	高于 18.8%

各行业对标标准：最好的 25% 专业服务行业企业，其新客户营业额占比高于 40.7 %；消费品和服务行业也分别高于 36.2%、31.8%，超过各行业平均值。

3.2.3 主导产品市场占有率对标

图表 190 中小企业总体主导产品市场占有率对标

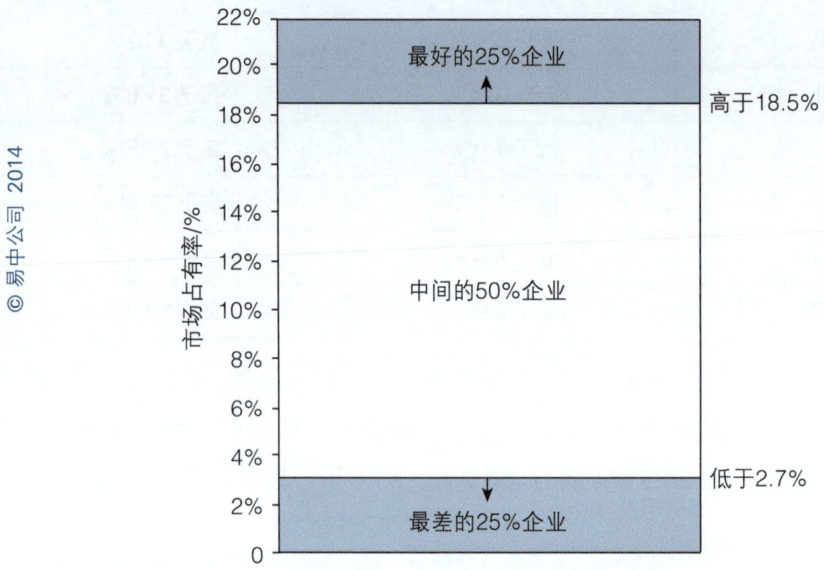

对标标准：最好的25%企业，其主导产品市场占有率高于18.5%；最差的25%企业，其主导产品市场占有率低于2.7%。

图表 191　各行业主导产品市场占有率对标

行业	最差的 25%	最好的 25%
原材料	低于 2.9%	高于 28.3%
贸易	低于 3.1%	高于 22.5%
消费品	低于 2.8%	高于 18.3%
工业品	低于 2.9%	高于 18.0%
加工定制	低于 2.6%	高于 17.1%
服务业	低于 2.5%	高于 16.4%
专业服务业	低于 2.4%	高于 13.8%

各行业对标标准：最好的 25% 原材料行业企业，其主导产品市场占有率高于 28.3%，贸易行业高于 22.5%，超过各行业平均值。

3.2.4 新产品营业额占比对标

图表 192 中小企业总体新产品营业额占比对标

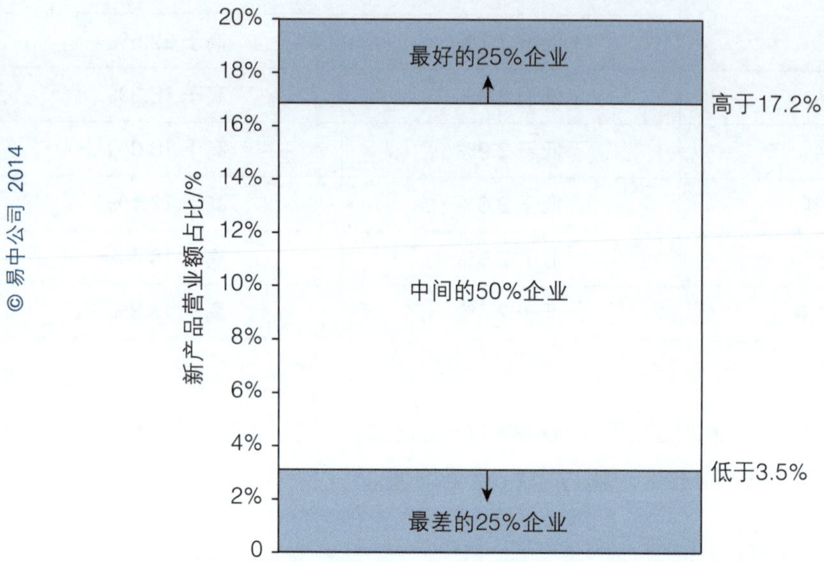

对标标准：最好的 25% 企业，其新产品营业额占比高于 17.2%；最差的 25% 企业，其新产品营业额占比低于 3.5%。

图表 193　各行业新产品营业额占比对标

行业	最差的 25%	最好的 25%
消费品	低于 4.7%	高于 26.0%
工业品	低于 4.0%	高于 17.9%
贸易	低于 4.1%	高于 17.9%
原材料	低于 3.1%	高于 16.3%
加工定制	低于 2.8%	高于 15.0%
服务业	低于 3.3%	高于 15.0%
专业服务业	低于 3.1%	高于 14.2%

各行业对标标准：最好的 25% 消费品行业企业，其新产品营业额占比高于 26.0 %，工业品和贸易行业均高于 17.9%，超过各行业平均值。

3.2.5 研发支出营业额占比对标

图表 194　中小企业总体研发支出营业额占比对标

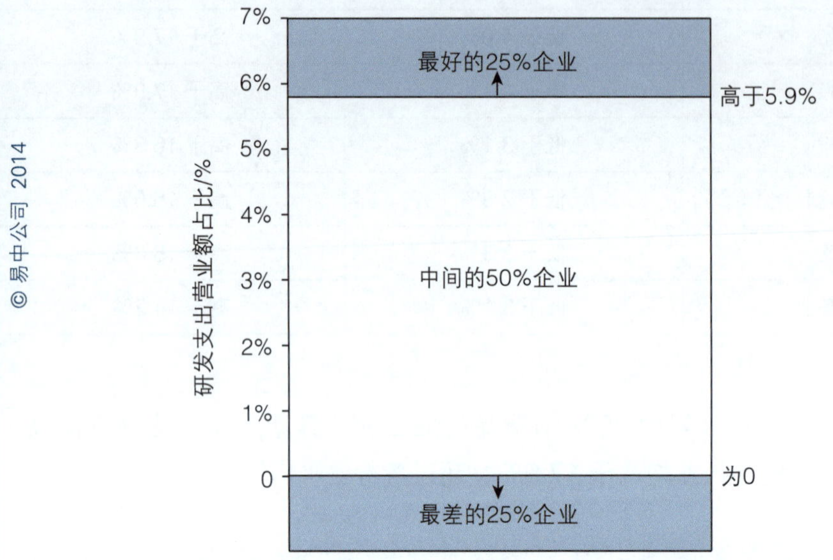

对标标准：最好的 25% 企业，其研发支出营业额占比高于 5.9%；最差的 25% 企业，其研发支出营业额占比为 0。

图表 195　各行业研发支出营业额占比对标

行业	最差的 25%	最好的 25%
原材料	0	高于 7.9%
工业品	低于 0.2%	高于 7.4%
专业服务业	0	高于 6.9%
消费品	0	高于 6.2%
加工定制	0	高于 4.8%
服务业	0	高于 4.0%
贸易	0	高于 3.8%

各行业对标标准：最好的 25% 原材料行业企业，其研发支出营业额占比高于 7.9%，工业品和专业服务行业分别高于 7.4%、6.9%，超过各行业平均值。

3.2.6 研发、技术人员数量占比对标

图表 196　中小企业总体研发、技术人员数量占比对标

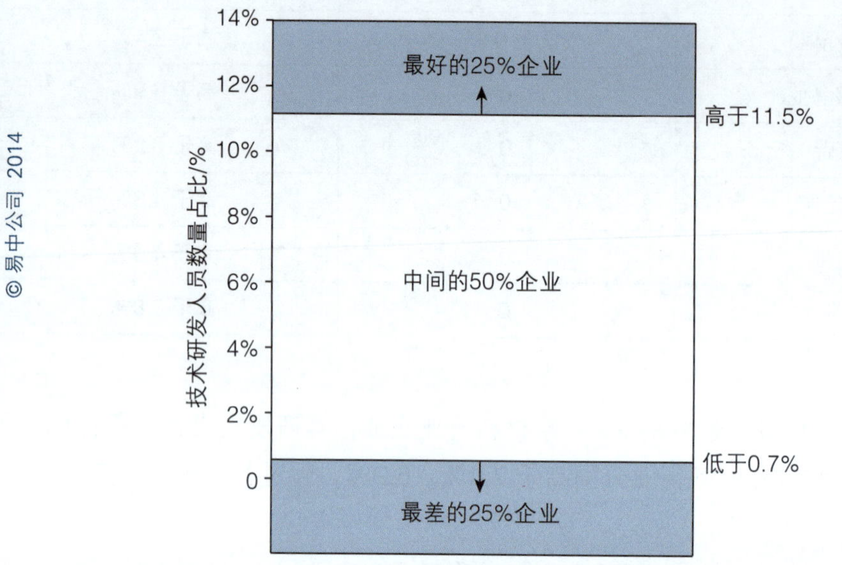

对标标准：最好的 25% 企业，其研发、技术人员数量占比高于 11.5%；最差的 25% 企业，其研发、技术人员数量占比低于 0.7%。

图表 197　各行业研发、技术人员数量占比对标

行业	最差的 25%	最好的 25%
专业服务业	低于 1.3%	高于 22.5%
工业品	低于 2.5%	高于 14.7%
服务业	低于 0.2%	高于 11.3%
原材料	低于 1.1%	高于 11.0%
加工定制	低于 1.5%	高于 10.7%
消费品	低于 0.3%	高于 7.1%
贸易	0	高于 6.9%

各行业对标标准：最好的 25% 专业服务行业企业研发、技术人员数量占比高于 22.5%，工业品高于 14.7%，超过各行业平均值。

3.3 管理成熟度指标对标

3.3.1 战略、组织调整机制对标

图表 198 中小企业总体战略、组织调整机制对标

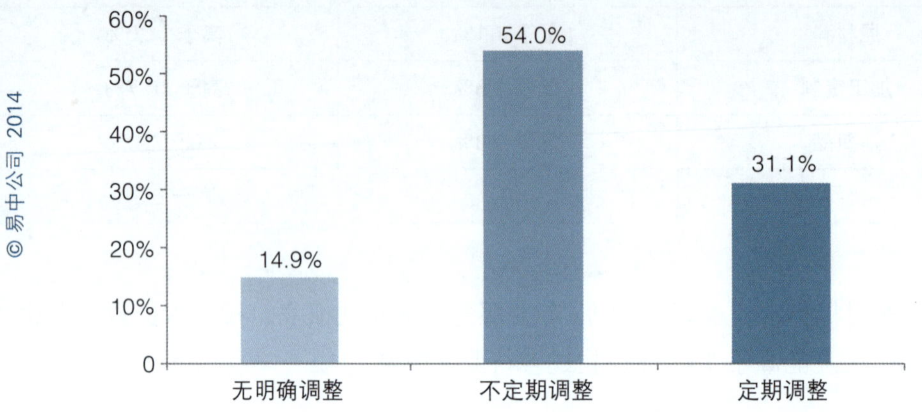

企业应该定期调整企业战略和组织结构，这样做的企业仅占31.1%；相反，做得非常不好的企业（无明确调整），比例为14.9%。

图表 199　各行业战略、组织调整机制对标

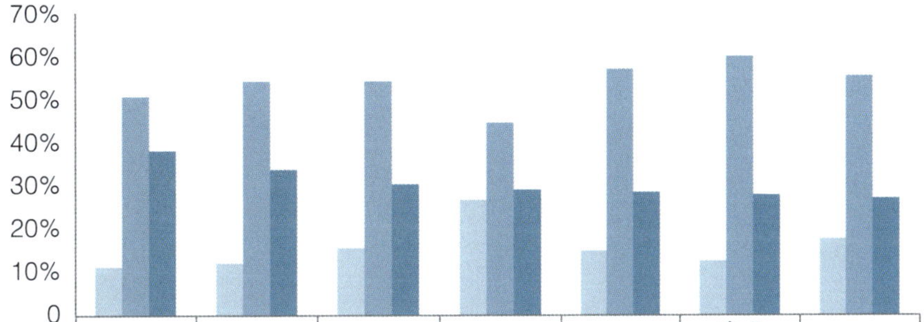

	工业品	消费品	贸易	加工定制	服务业	专业服务业	原材料
无明确调整	11.3%	12.2%	15.6%	26.7%	14.8%	12.6%	17.6%
不定期调整	50.6%	54.1%	54.1%	44.4%	56.8%	59.7%	55.3%
定期调整	38.1%	33.8%	30.3%	28.9%	28.4%	27.7%	27.1%

工业品和消费品行业是企业战略与组织结构定期调整做得比较好的行业，比例分别为 38.1% 和 33.8%，这与这些行业外部环境变化较大和较多有关。相反，加工定制和原材料行业，无明确调整的比例最高，分别为 26.7% 和 17.6%。

3.3.2 中高层决策机制对标

图表 200 中小企业总体中高层决策机制对标

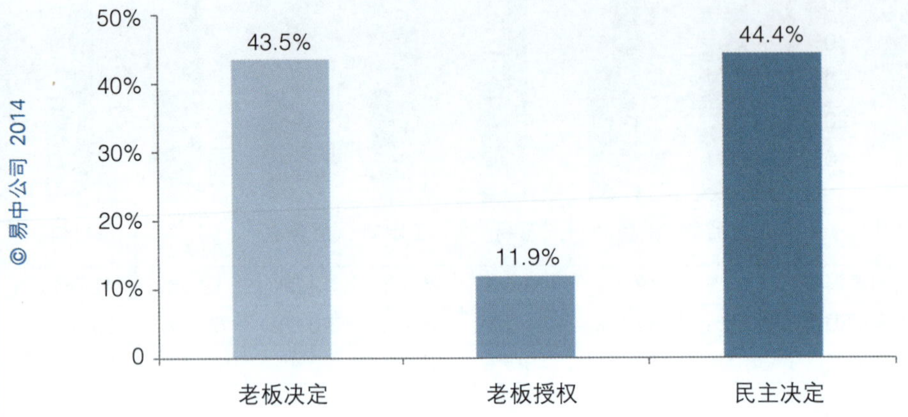

无论采用哪种决策方式，中小企业都面临着决策民主化和决策科学化相互牵制、决策权力分散与决策管理效率相互制约的问题。企业应根据自身情况，选用适合的决策方式。目前来看，老板决定（43.5%）和民主决定（44.4%）两个方式平分秋色，各有44% 的中小企业选择。

图表 201　各行业中高层决策机制对标

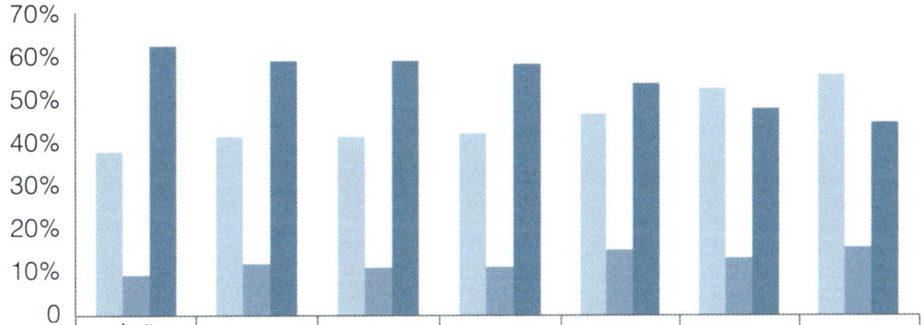

	专业服务业	工业品	贸易	服务业	消费品	原材料	加工定制
老板决定	37.8%	41.3%	41.3%	42.0%	46.6%	52.4%	55.6%
老板授权	9.2%	11.9%	11.0%	11.1%	15.1%	13.1%	15.6%
民主决定	62.2%	58.8%	58.7%	58.0%	53.4%	47.6%	44.4%

其中，加工定制业中，有 55.6% 的企业是由老板下决定，为各行业最高；专业服务业中，62.2% 的企业是由民主决定，为各行业最高。

3.3.3 精细核算机制对标

图表 202　中小企业总体精细核算机制对标

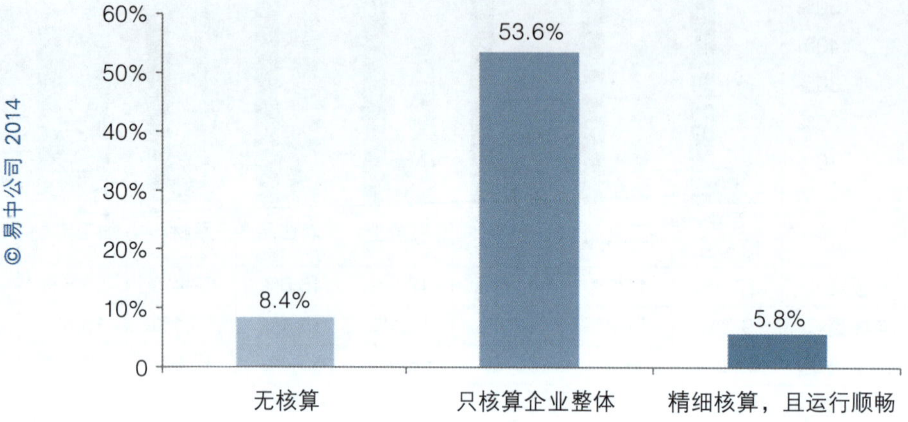

企业应该逐步建立精准的经营核算体系（到二级部门，到人、产品、到天），已经这样做的企业占5.8%，大部分（53.6%）企业都只核算了企业整体，也有少数（8.4%）企业根本没有经营核算体系。

图表 203　各行业精细核算机制对标

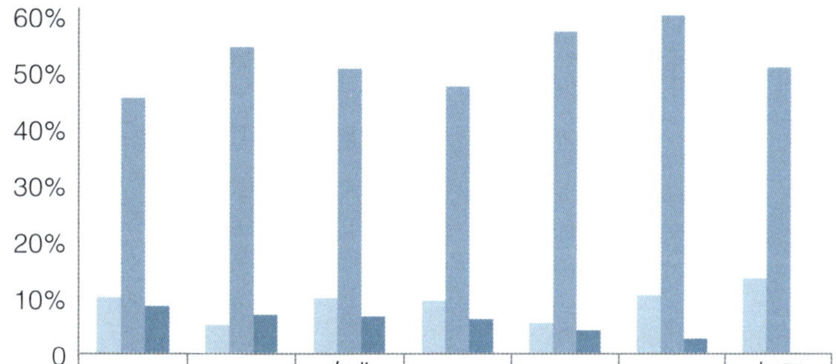

	贸易	工业品	专业服务业	原材料	消费品	服务业	加工定制
无核算	10.3%	5.1%	10.1%	9.5%	5.5%	10.5%	13.6%
只核算企业整体	46.7%	56.1%	52.1%	48.8%	58.9%	61.8%	52.3%
精细核算，且运行顺畅	8.6%	7.0%	6.7%	6.1%	4.1%	2.6%	0

加工定制业中，还没有经营核算体系的企业最多，占 13.6%；而贸易行业在经营核算上做得最好，有 8.6% 的企业建立了精细化的经营核算体系，且运行顺畅，为各行业最高。

3.3.4 人事考核机制对标

图表 204　中小企业总体人事考核机制对标

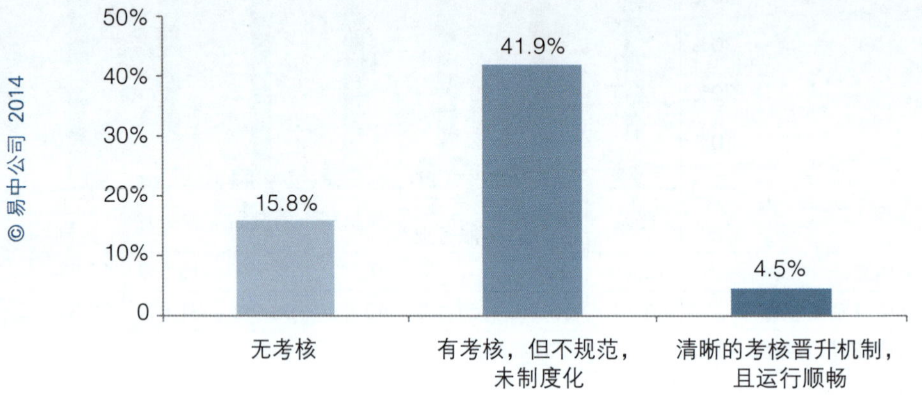

多数中小企业都建立了考核晋升机制，但考核晋升机制清晰的（员工收入与能力、业绩、行为）企业仅占 4.5%，大部分企业的考核机制都不规范，未制度化。此外，也有 15.8% 的企业还没建立考核机制。

图表 205　各行业人事考核机制对标

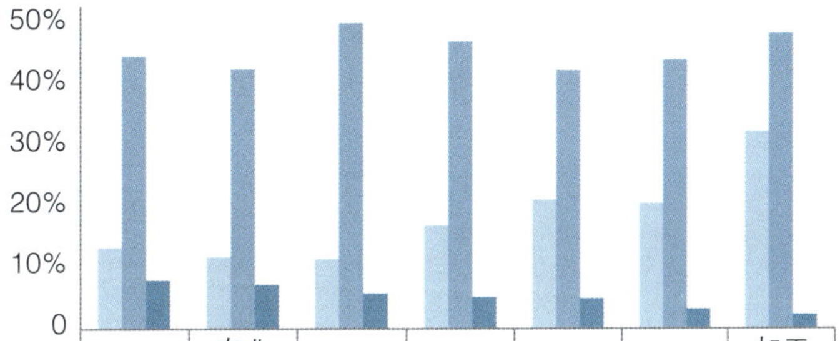

	工业品	专业服务业	消费品	服务业	原材料	贸易	加工定制
无核算	12.6%	11.1%	10.8%	16.0%	20.0%	19.4%	30.4%
有考核，但不规范，未制度化	42.1%	40.2%	47.3%	44.4%	40.0%	41.7%	45.7%
清晰的考核晋升机制，且运行顺畅	7.5%	6.8%	5.4%	4.9%	4.7%	3.1%	2.2%

其中，加工定制业在建立考核晋升机制上最为落后，有 30.4% 的企业没有建立；而工业品行业做得最好，有 7.5% 的企业实施了清晰的考核机制，且运行顺畅。

3.3.5 经营管理报告制度对标

图表 206　中小企业总体经营管理报告制度对标

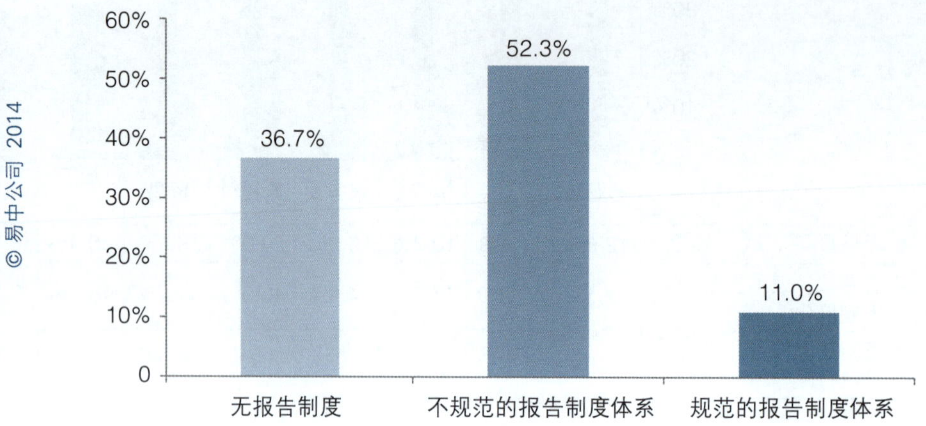

企业应该建立规范的经营管理报告制度，但是仍有 36.7% 的企业还未建立；在已经建立的企业中，有 52.3% 的企业建立得不规范，仅有 11% 的企业建立的报告制度比较规范。这说明经营管理报告制度在企业中既不普及，也不规范。

图表 207　各行业经营管理报告制度对标

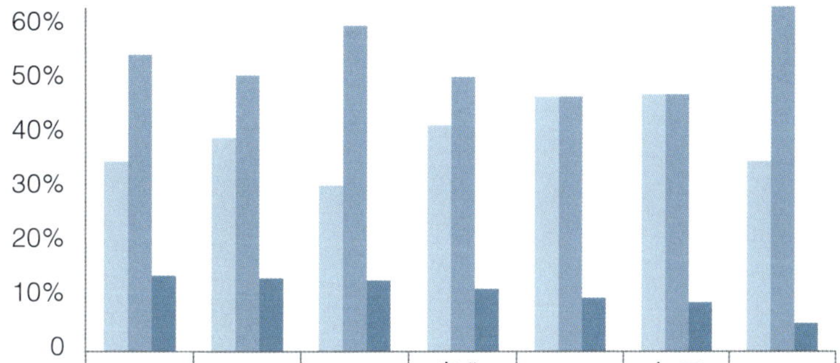

	消费品	贸易	工业品	专业服务业	原材料	加工定制	服务业
无报告制度	33.8%	38.0%	29.6%	40.2%	45.2%	45.7%	33.8%
不规范的报告制度体系	52.7%	49.1%	57.9%	48.7%	45.2%	45.7%	61.3%
规范的报告制度体系	13.5%	13.0%	12.6%	11.1%	9.5%	8.7%	5.0%

加工定制业和原材料行业企业，在经营管理报告的建立上做得最不好，分别有45.7% 和 45.2% 的企业没有建立。而消费品行业中，建立经营管理报告制度的企业最多，占 13.5%。

3.3.6 会议管理制度对标

图表 208　中小企业总体会议管理制度对标

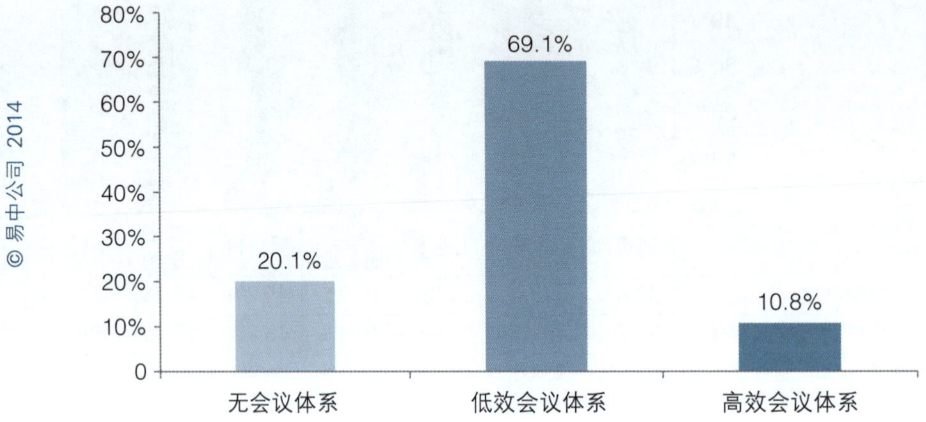

高效的会议体系能有效提高经营管理决策的效率，但仍有 20.1% 的企业还没有建立，已经建立会议体系的企业中，有 69.1% 的企业还比较低效，仅有 10.8% 的企业会议体系高效、顺畅。

图表 209　各行业会议管理制度对标

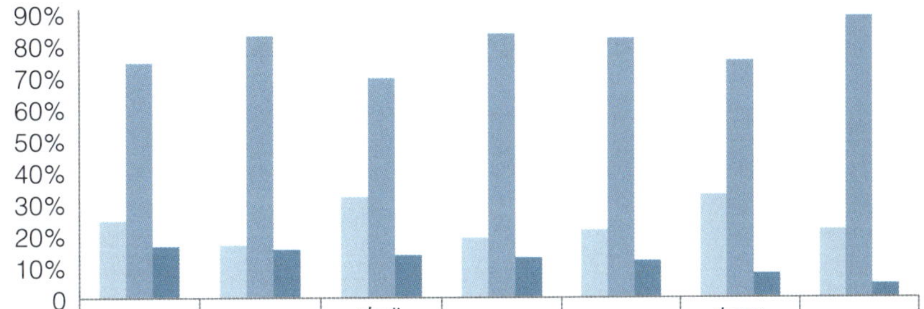

	原材料	工业品	专业服务业	消费品	贸易	加工定制	服务业
无会议体系	21.2%	14.6%	27.7%	16.4%	18.5%	28.3%	18.8%
低效会议体系	64.7%	72.2%	60.5%	72.6%	71.3%	65.2%	77.5%
高效会议体系	14.1%	13.3%	11.8%	11.0%	10.2%	6.5%	3.8%

加工定制业在会议体系的建立上，依然跑输“大盘”，有 28.3% 的企业没有对会议体系进行规范，他们中不会开会的企业最多。而原材料行业中，已经建立、高效会议体系的企业最多，占 14.1%。

加工定制业在整个企业管理成熟度上都表现不好，经营上的困境，导致其没有太多精力去提升管理水平。

3.4 老板信心指标对标

3.4.1 企业出售打算对标

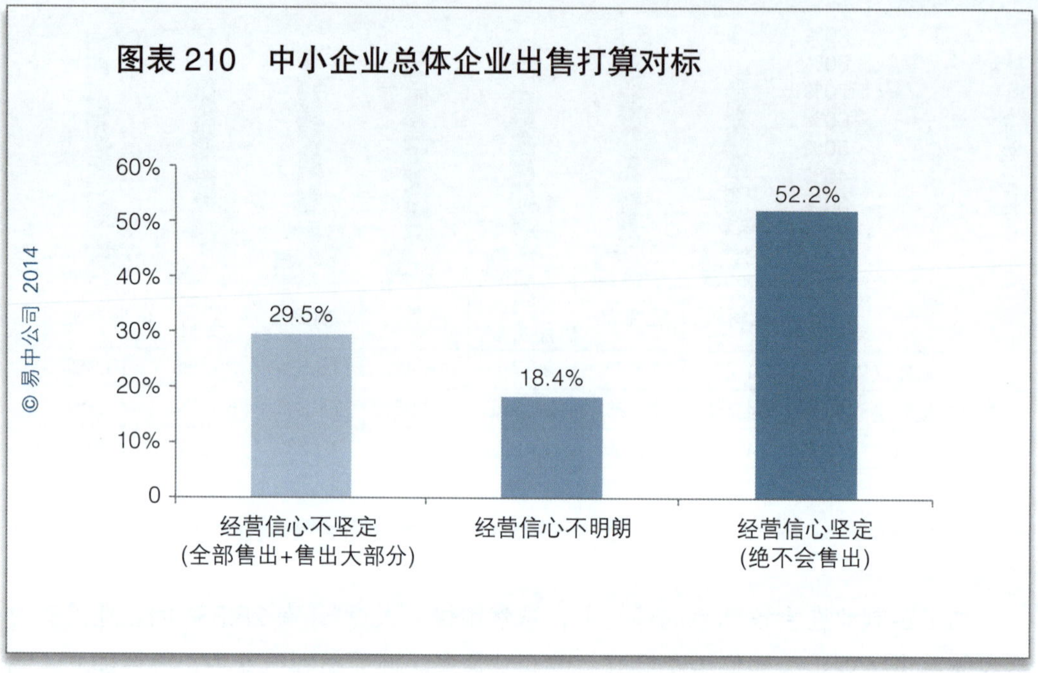

中小企业老板的信心相对坚定，有 52.2% 的企业绝不会售出企业。同时，我们也要看到，还是有 29.5% 的企业会全部售出或部分售出。

图表 211　各行业企业出售打算对标

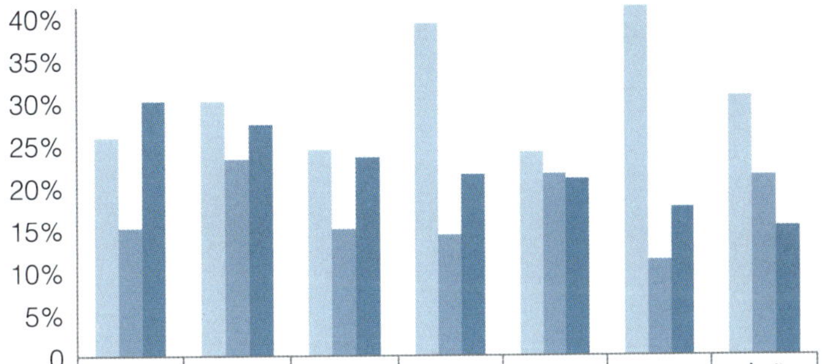

	加工定制	消费品	贸易	原材料	工业品	服务业	专业服务业
经营信心不坚定 (全部售出+售出大部分)	25.5%	29.7%	24.1%	38.8%	23.8%	40.7%	30.3%
经营信心不明朗	14.9%	23.0%	14.8%	14.1%	21.3%	11.1%	21.0%
经营信心坚定 (绝不会售出)	29.8%	27.0%	23.1%	21.2%	20.6%	17.3%	15.1%

服务业中，选择会全部或部分售出的企业最多，占 40.7%，这与它们赢利能力强，更容易被投资者注意到有关。而加工定制业中，绝不会售出的企业最多，占 29.8%。

3.4.2 转行打算对标

图表 212　中小企业总体转行打算对标

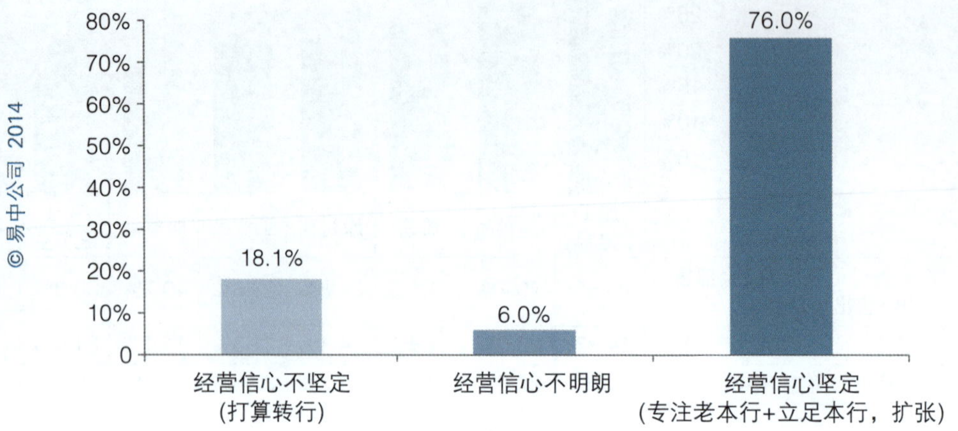

中小企业转行的意愿并不强烈，有76.0%的企业不会转行，或者立足本业来扩张；仅有18.1%的企业打算转行。这与中小企业经营能力提升、越来越理解立足本业发展的重要性有关。

图表 213　各行业转行打算对标

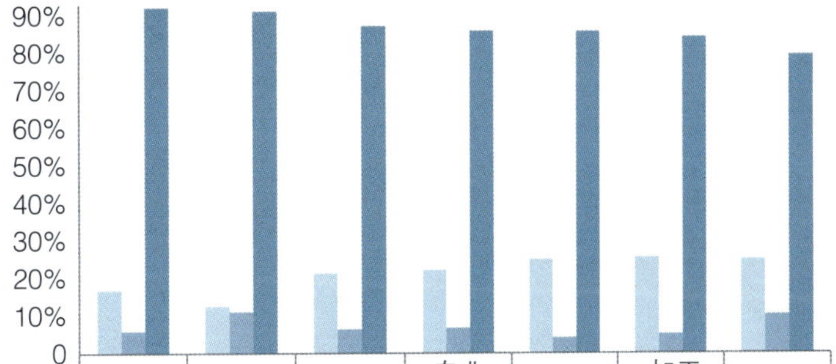

	工业品	消费品	贸易	专业服务业	原材料	加工定制	服务业
经营信心不坚定 (打算转行)	14.6%	11.0%	18.5%	19.3%	21.7%	22.2%	21.8%
经营信心不明朗	5.1%	9.6%	5.6%	5.9%	3.6%	4.4%	9.0%
经营信心坚定 (专注老本行+立足本行，扩张)	80.3%	79.5%	75.9%	74.8%	74.7%	73.3%	69.2%

加工定制业中，打算转行的企业最多，这非常好理解，行业的整体不景气，导致更多老板希望通过转行谋求出路。工业品行业中，不打算转行的企业最多，占80.3%。

3.4.3 移民打算对标

图表 214 中小企业总体移民打算对标

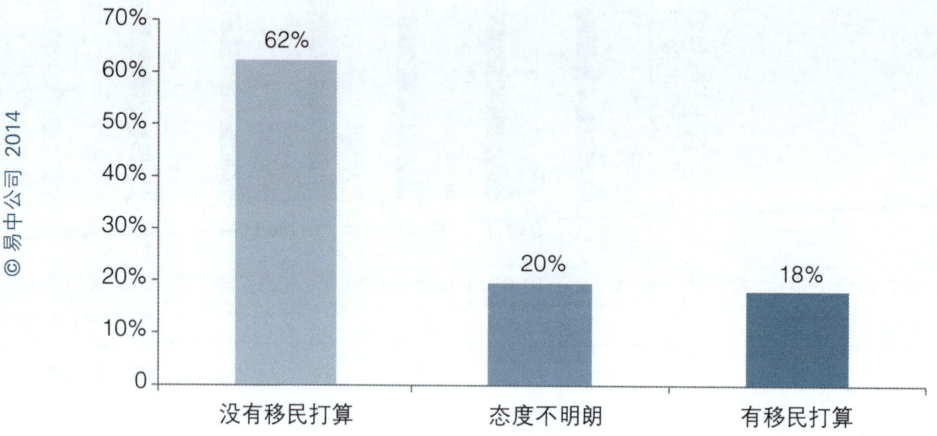

中小企业老板移民的意愿并不强烈，仅有 18% 的老板有移民打算，高达 62% 的老板不打算移民。

图表 215　各行业移民打算对标

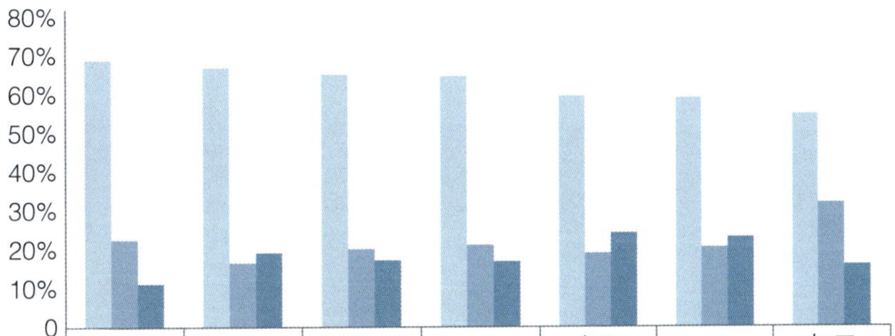

	原材料	工业品	贸易	消费品	专业服务业	服务业	加工定制
没有移民打算	67.1%	65.2%	63.6%	63.0%	58.0%	57.5%	53.3%
态度不明朗	22.0%	16.1%	19.6%	20.5%	18.5%	20.0%	31.1%
有移民打算	11.0%	18.7%	16.8%	16.4%	23.5%	22.5%	15.6%

原材料行业中，不打算移民的老板最多，而专业服务业中，打算移民的老板最多，占23.5%，这与他们经常出国、思想更为开阔有关。

3.4.4 新投资意向对标

图表 216　中小企业总体新投资意向对标

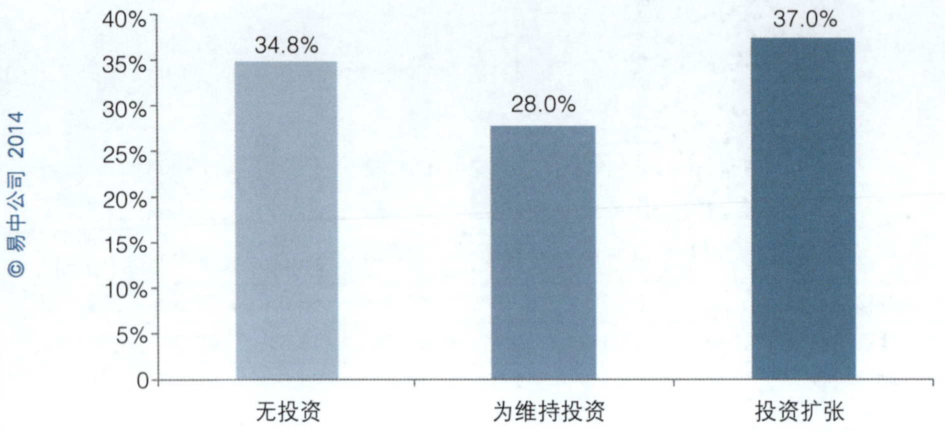

中小企业的投资预期，基本上两极分化，有 34.8% 的企业表示不会投资，而 37.0% 的企业表示会投资扩张，也有 28.0% 的企业是被动投资，为了维持而投资。

图表 217 各行业新投资意向对标

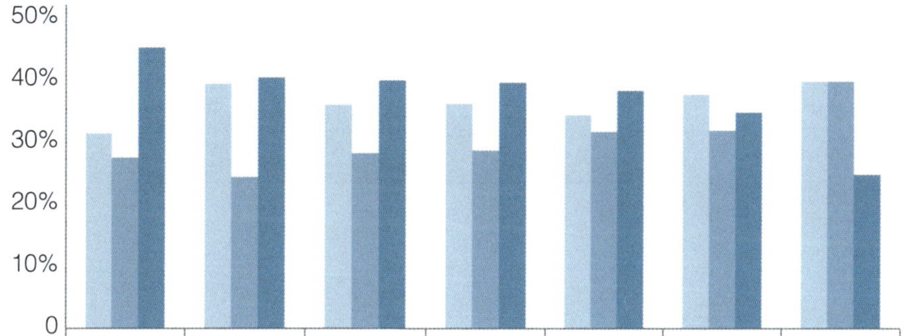

	贸易	专业服务业	原材料	工业品	服务业	消费品	加工定制
无投资	30.2%	37.8%	34.6%	34.6%	32.9%	36.1%	38.1%
为维持投资	26.4%	23.4%	27.2%	27.5%	30.4%	30.6%	38.1%
投资扩张	43.4%	38.7%	38.3%	37.9%	36.7%	33.3%	23.8%

加工定制业中，不会在2014年投资的企业最多，占38.1%；而贸易业中，会在2014年投资扩张的企业最多，占43.4%。

3.4.5 增员计划对标

图表 218 中小企业总体增员计划对标

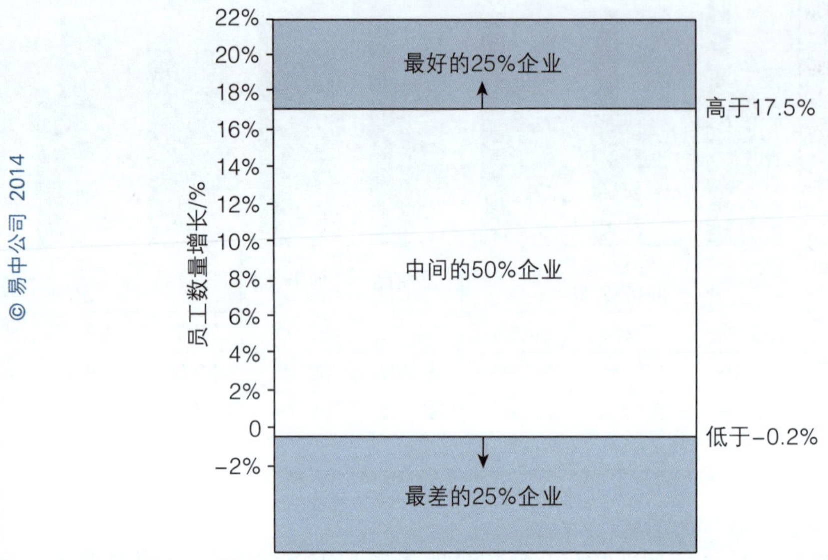

对标标准：最好的 25% 企业预计增员超过 17.5%，最差的 25% 企业预计增员低于 −0.2%。

图表 219 各行业员工数量计划对标

行业	最差的 25%	最好的 25%
专业服务业	低于 2.3%	高于 27.0%
原材料	低于 –0.5%	高于 18.1%
贸易	低于 –0.9%	高于 17.2%
服务业	低于 –0.6%	高于 17.0%
消费品	低于 –0.2%	高于 16.9%
加工定制	低于 –0.6%	高于 16.1%
工业品	低于 –0.5%	高于 15.2%

各行业对标标准：最好的 25% 专业服务业企业员工数量计划高于 27.0%，原材料行业高于 18.1%，高于各行业的平均值。

H. 向榜样学习：五段及以上企业在经营管理指标上的表现

1 榜样企业的定义

我们在 G 部分对企业的各个单项指标进行了比较分析。如果把企业所有指标放在一起考虑，优秀的企业是什么样子呢？优秀企业的指标又如何呢？

我们把赢利且销售利润率在 20% 以上的企业，视为“榜样企业”，这些企业具有一定的核心竞争力，它们的做法值得其他中小企业参照和学习。

按照易中研发的企业“九段”标准划分，五段及以上的企业都属于“榜样企业”。同时，为了对比分析，我们把亏损经营的一段和二段企业视为“落后企业”。具体企业九段划分标准，请看图表 220。

图表 220　易中企业“九段”划分标准

段位	划分标准	企业“好坏”
一段	勉强活着但现金流紧张	落后企业
二段	现金流没问题但亏损	
三段	赢利但销售利润率小于 10%	中间企业
四段	赢利且销售利润率大于 10% 小于 20%	
五段	赢利且销售利润率大于 20%	榜样企业
六段	在五段基础上有明确的管理、人才、文化竞争力或有明确的业务、产品、技术核心竞争力	
七段	在六段基础上有明确的管理、人才、文化竞争力及有明确的业务、产品、技术核心竞争力	
八段	在七段基础上是行业第一或唯一	
九段	在八段基础上连续 10 年以上行业第一或唯一	

2 榜样企业的占比

图表 221　榜样企业占 18%，落后企业占 31%

问：您的企业是几段企业？

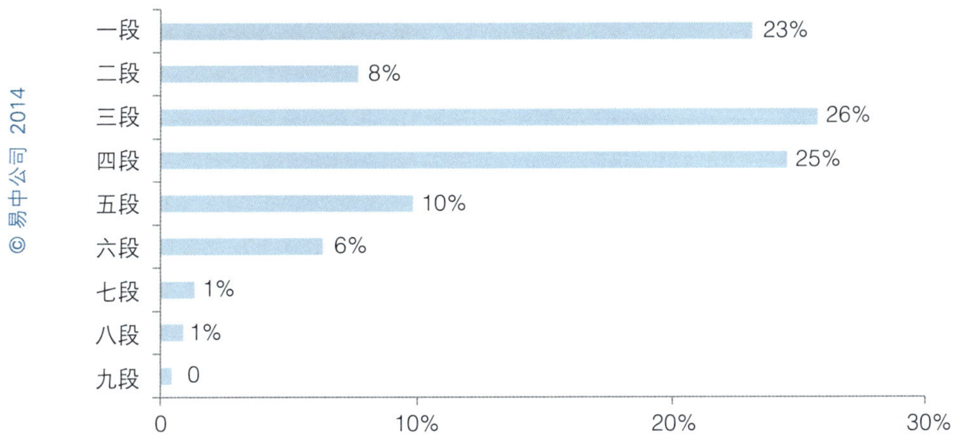

中小企业的段位等级不高，81% 的中小企业段位还处在一段至四段之间。其中，31% 的中小企业处在一段和二段，它们同属于“落后企业”。

69% 的中小企业是赢利的，其中，26% 的企业销售利润率小于 10%，处在三段；25% 的企业销售利润率大于 10% 小于 20%，处在四段。

18% 的中小企业处在五段及以上，它们是中小企业的榜样。

3 榜样企业的特征

3.1 经营健康度高

图表 222　榜样企业的经营健康度，大大好于落后企业

类别	指标	标准	
		榜样企业（五段及以上）	落后企业（一、二段）
收入	营业额增长	22.5%	2.6%
	人均营业额（万元）	66.7	38.1
利润	税前利润额增长	49.0%	17.7%
	销售利润率	24.4%	亏损
费用	销售费用营业额占比	14.1%	15.5%
	直接成本营业额占比	35.6%	44.1%
	管理费用营业额占比	13.5%	15.7%
	平均涨薪幅度	7.3%	4.9%
	全部人工费用增幅	15.6%	14.6%
	人均人工费用（万元）	5.4	4.7
资金	负债率	11.0%	21.9%
	借款利率	7.3%	8.9%
	投资理财利率	6.8%	5.5%

观察榜样企业与落后企业在经营指标上的差异，我们发现榜样企业有这样几个特征：

（1）它们的人均营业额和税前利润增长率很高，远超落后企业。

（2）它们的三种费用占营业额的比例，明显低于落后企业。落后企业应该严格控制这些费用，别让利润被“偷”走。

（3）它们在员工上的投入更多，薪酬幅度和人工费用增幅均高于落后企业，把这块儿做好，有利于落后企业逐渐追上来。

（4）此外，它们的负债率和借款利率都低于落后企业，这表明它们采用相对稳健和可持续发展的经营思路。但它们的投资理财利率则较高，一方面因为它们有更多精力，另一方面因为它们掌握了更多理财渠道。

3.2 成长潜力大

图表 223　榜样企业的成长潜力，大于落后企业

类别	指标	标准	
		榜样企业（五段及以上）	落后企业（一、二段）
客户	老客户回头率	51.9%	42.8%
	新客户营业额占比	25.5%	19.2%
产品	主导产品市场占有率	20.7%	9.3%
	新产品营业额占比	18.6%	11.7%
技术	研发支出营业额占比	5.1%	3.7%
	研发、技术人员数量占比	10.4%	7.0%

观察榜样企业与落后企业在成长潜力指标上的差异，我们发现榜样企业有这样几个特征：

（1）它们在 6 个成长潜力值标上都远超过落后企业，比较突出。

（2）特别是“主导产品市场占有率”这一项，比落后企业高出 11 个百分点，提升了一倍还多。

（3）此外，它们的新产品营业额占比也远高于落后企业，为 18.6%。落后企业应该加强新产品的研发和推广，这有利于企业利润交替上升，可持续发展。

（4）不仅新产品做得好，榜样企业在老客户回头率上也表现不俗，老客户回头率越高，企业经营越轻松，榜样企业的老客户回头率能达到 51.9%。

（5）支持榜样企业做好新产品、扩大主导产品市场占有率的基本支撑，是它们强大的研发、技术部门和人员，榜样企业在研发支出的投入达到 5.1%，而它们的研发技术人员占比也比落后企业高，为 10.4%。

3.3 管理成熟度高

图表 224　榜样企业的管理成熟度，高于落后企业

类别	指标	标准			
		榜样企业（五段及以上）		落后企业（一、二段）	
管理	战略、组织调整机制	定期调整	无明确调整	定期调整	无明确调整
		27.2%	12.0%	27.1%	22.2%
	中高层决策机制	民主决定	老板决定	民主决定	老板决定
		58.1%	41.9%	52.5%	47.5%
	精细核算机制	精细核算，且运行顺畅	无核算	精细核算，且运行顺畅	无核算
		6.0%	8.2%	5.5%	11.7%
	人事考核机制	清晰的考核晋升机制，且运行顺畅	无考核	清晰的考核晋升机制，且运行顺畅	无考核
		9.6%	9.6%	2.0%	19.8%
	经营管理报告制度	规范的报告制度体系	无报告制度	规范的报告制度体系	无报告制度
		13.6%	31.2%	8.5%	53.2%
	会议管理制度	高效会议体系	无会议体系	高效会议体系	无会议体系
		16.9%	21.8%	5.4%	29.7%

观察榜样企业与落后企业在管理指标上的差异，我们发现榜样企业有这样几个特征：

（1）榜样企业在建立清晰的考核晋升机制、实施规范的经营管理报告、建立高效的会议体系三项上，都有突出表现，这说明建立这些管理机制可以增加企业内功，循序渐进地提升，最终反馈到收入和利润的增长上。

（2）在战略及组织调整上我们发现，定期调整战略及组织，不一定对企业经营结果有明显提升，但如果不定期调整，则对企业经营的影响非常大。榜样企业中，仅有 12% 的企业不定期调整，这一数字在落后企业中高达 22.2%。同样的，建立了人事考核晋升机制，不一定对经营有明显提升，但是不建立，就会对企业经营有非常大的影响。

（3）此外，在重大决策上由谁来做决策，并不会非常影响企业经营结果，这与前面的结果一致，企业须把握好决策权力集中和决策权力分散之间的度。

3.4 老板信心足

图表 225　榜样企业的老板，更有信心

类别	指标	标准			
		榜样企业（五段及以上）		落后企业（一、二段）	
老板信心	企业出售打算	经营信心坚定（绝不会售出）	经营信心不坚定（全部售出＋售出大部分）	经营信心坚定（绝不会售出）	经营信心不坚定（全部售出＋售出大部分）
		27.2%	20.8%	11.8%	42.4%
	转行打算	经营信心坚定（专注老本行＋立足本行，扩张）	经营信心不坚定（打算转行）	经营信心坚定（专注老本行＋立足本行，扩张）	经营信心不坚定（打算转行）
		79.5%	15.6%	68.5%	22.5%
	移民打算	没有移民打算	有移民打算	没有移民打算	有移民打算
		55.3%	23.6%	64.6%	12.1%
	新投资意向	投资扩张	无投资	投资扩张	无投资
		60.8%	20.8%	27.9%	45.1%
	员工数量计划	13.4%		9.1%	

观察榜样企业与落后企业在老板信心指标上的差异，我们发现榜样企业有这样几个特征：

（1）榜样企业老板对企业经营相对有信心，他们中，不出售企业和出售企业的比例分别为 27.2% 和 20.8%；而在落后企业中，打算出售企业的老板远远多于不出售的，为 42.4%，几乎高出 3 倍。

（2）他们中想转行的老板也相对较少，仅有 15.6% 的老板打算转行，这与他们经营状况较好有关。

（3）他们的投资扩张意愿远远比落后企业高，达到 60.8%，而不投资的企业比例也比落后企业低，仅为 20.8%。

（4）他们的移民倾向比落后企业高。这与他们经营状况好，有更多的时间和资源有关。

4 各行业榜样企业特征

不同行业的市场环境、经营方式、成本结构和人员素质等，差异非常大。各行业的榜样企业关键指标分别是怎样的？以下是我们的具体分析。

4.1 工业品榜样企业特征

4.1.1 经营健康度

图表 226 工业品榜样企业的经营数据

维度	类别	指标	平均值
经营健康度	收入	营业额增长	24.1%
		人均营业额（万元）	66.2
	利润	税前利润额增长	63.4%
		销售利润率	24.3%
	费用	销售费用营业额占比	12.3%
		直接成本营业额占比	37.7%
		管理费用营业额占比	12.3%
		平均涨薪幅度	7.3%
		全部人工费用增幅	13.7%
		人均人工费用（万元）	6.2
	资金	负债率	10.0%
		借款利率	7.7%
		投资理财利率	6.1%

在收入和利润方面，工业品行业的榜样企业，其营业额增长率为 24.1%，税前利润额增长为 63.4%，而其销售利润率为 24.3%，这一数字，远远高于 10% 的“及格线”。与此同时，它们的人均营业额也达到 66.2 万元。

在费用方面，工业品榜样企业除直接成本外，其另外两项费用（销售费用、管理费用）均控制在营业额的 12.3%。此外，企业平均涨薪幅度为 7.3%，人均人工费用为 6.2 万元，其人工费用增幅为 13.7%。

在资金方面，工业品行业的榜样企业，其负债率仅为 10.0%，远远低于 50% 的警戒线。而其借款利率也不高，为 7.7%，远远低于 15% 的“吸毒”线。此外，其投资理财利率可达到 6.1%，比中小企业整体投资理财利率要高一些。

4.1.2 成长潜力

图表 227　工业品榜样企业的成长潜力

维度	类别	指标	平均值
成长潜力	客户	老客户回头率	51.8%
		新客户营业额占比	23.7%
	产品	主导产品市场占有率	21.0%
		新产品营业额占比	20.0%
	技术	研发支出营业额占比	7.4%
		研发、技术人员数量占比	12.8%

在客户方面，工业品榜样企业的老客户回头率为 51.8%，新客户营业额占了 23.7%。

在产品方面，工业品榜样企业的主导产品市场占有率为 21.0%，新产品营业额为 20.0%。

在技术方面，工业品榜样企业的研发支出占到营业额的 7.4%，而其研发技术人员数量占全员的 12.8%，这一数字比消费品高出 7 个百分点。

4.1.3 管理成熟度

图表 228 工业品榜样企业的管理状况

<table>
<tr><th>维度</th><th>类别</th><th>指标</th><th colspan="2">平均值</th></tr>
<tr><td rowspan="12">管理成熟度</td><td rowspan="12">管理</td><td rowspan="2">战略、组织调整机制</td><td>定期调整</td><td>无明确调整</td></tr>
<tr><td>13.3%</td><td>50.0%</td></tr>
<tr><td rowspan="2">中高层决策机制</td><td>民主决定</td><td>老板决定</td></tr>
<tr><td>46.7%</td><td>53.3%</td></tr>
<tr><td rowspan="2">精细核算机制</td><td>精细核算，且运行顺畅</td><td>无核算</td></tr>
<tr><td>3.4%</td><td>6.9%</td></tr>
<tr><td rowspan="2">人事考核机制</td><td>清晰的考核晋升机制，且运行顺畅</td><td>无考核</td></tr>
<tr><td>10.0%</td><td>10.0%</td></tr>
<tr><td rowspan="2">经营管理报告制度</td><td>规范的报告制度体系</td><td>无报告制度</td></tr>
<tr><td>20.0%</td><td>16.7%</td></tr>
<tr><td rowspan="2">会议管理制度</td><td>高效会议体系</td><td>无会议体系</td></tr>
<tr><td>16.7%</td><td>23.3%</td></tr>
</table>

在管理方面，工业品榜样企业定期调整战略和组织结构的占 13.3%，无明确调整的企业高达 50.0%。

中高层决策机制，基本也是“老板决定”与“民主决定”平分秋色。运行精细化的核算体系的企业仅占 3.4%。同时，20.0% 的榜样企业有规范的经营管理报告制度。

此外，榜样企业中，会议体系高效运转的企业占 16.7%，根本没有会议体系的占 23.3%。

4.1.4 老板信心

图表 229 工业品榜样企业的老板信心

维度	类别	指标	平均值	
老板信心	老板信心	企业出售打算	经营信心坚定（绝不会售出）	经营信心不坚定（全部售出 + 售出大部分）
			13.3%	30.0%
		转行打算	经营信心坚定（专注老本行 + 立足本行，扩张）	经营信心不坚定（打算转行）
			93.1%	3.4%
		移民打算	没有移民打算	有移民打算
			63.3%	20.0%
		新投资意向	投资扩张	无投资
			70.0%	16.7%
		员工数量计划	10.4%	

工业品榜样企业中，有 30% 的老板经营信心不坚定，打算全部或部分售出企业。

他们中，立足本业发展的老板最多，占 93.1%；此外，有 63.3% 的老板不打算移民。

他们的投资扩张意愿较强，有 70% 的老板打算在 2014 年继续投资。

此外，他们普遍打算在 2014 年增加 10.4% 的员工。

4.2 消费品榜样企业特征

4.2.1 经营健康度

图表 230 消费品榜样企业的经营数据

维度	类别	指标	平均值
经营健康度	收入	营业额增长	19.0%
		人均营业额（万元）	45.7
	利润	税前利润额增长	76.7%
		销售利润率	24.1%
	费用	销售费用营业额占比	14.2%
		直接成本营业额占比	44.3%
		管理费用营业额占比	11.7%
		平均涨薪幅度	7.1%
		全部人工费用增幅	12.8%
		人均人工费用（万元）	4.3
	资金	负债率	8.7%
		借款利率	4.7%
		投资理财利率	5.7%

在收入和利润方面，消费品行业的榜样企业，其营业额增长率为 19%，税前利润额增长为 76.7%，而其销售利润率为 24.1%，这一数字，也高于 10% 的“及格线”。与此同时，它们的人均营业额为 45.7 万元，这一数字，比工业品行业的 66.2 万元低 20 万元左右。

在费用方面，消费品榜样企业除直接成本外，其另外两项费用（销售费用、管理费用）分别为营业额的 14.2% 和 11.7%。此外，企业平均涨薪幅度为 7.1%，人均人工费用为 4.3 万元（这一数字，也比工业品行业的 6.2 万元低将近 2 万元），其人工费用增幅为 12.8%。

在资金方面，消费品行业榜样企业的负债率仅为 8.7%（比工业品行业的 10% 低），远远低于 50% 的警戒线。而其借款利率也不高，仅为 4.7%，远远低于 15% 的“吸毒”线。此外，其投资理财利率是 5.7%，这一数字比工业品的 6.1% 也稍低。

4.2.2 成长潜力

图表 231 消费品榜样企业的成长潜力

维度	类别	指标	平均值
成长潜力	客户	老客户回头率	45.7%
		新客户营业额占比	27.9%
	产品	主导产品市场占有率	16.5%
		新产品营业额占比	23.2%
	技术	研发支出营业额占比	5.0%
		研发、技术人员数量占比	5.9%

在客户方面，消费品榜样企业的老客户回头率为 45.7%，新客户营业额占了 27.9%，将近三成。

在产品方面，消费品榜样企业的主导产品市场占有率为 16.5%，新产品营业额为 23.2%。

在技术方面，消费品榜样企业的研发支出占到营业额的 5.0%，而其研发技术人员数量占全员的 5.9%。

4.2.3 管理成熟度

图表 232 消费品榜样企业的管理状况

维度	类别	指标	平均值	
管理成熟度	管理	战略、组织调整机制	定期调整	无明确调整
			6.7%	20.0%
		中高层决策机制	民主决定	老板决定
			64.3%	35.7%
		精细核算机制	精细核算，且运行顺畅	无核算
			6.7%	6.7%
		人事考核机制	清晰的考核晋升机制，且运行顺畅	无考核
			6.7%	6.7%
		经营管理报告制度	规范的报告制度体系	无报告制度
			40.0%	20.0%
		会议管理制度	高效会议体系	无会议体系
			20.0%	13.3%

在管理方面，消费品榜样企业，定期调整战略和组织结构的占6.7%，无明确调整的企业高达20%。

中高层决策机制，主要以“民主决定”为主，占64.3%。运行精细化核算体系的企业占6.7%。同时，40.0% 的榜样企业有规范的经营管理报告制度，20.0% 的企业还没有报告制度。

此外，榜样企业中，会议体系高效运转的企业占20.0%，还没有会议体系的占13.3%。

4.2.4 老板信心

图表 233　消费品榜样企业的老板信心

维度	类别	指标	平均值	
老板信心	老板信心	企业出售打算	经营信心坚定（绝不会售出）	经营信心不坚定（全部售出 + 售出大部分）
			33.3%	20.0%
		转行打算	经营信心坚定（专注老本行 + 立足本行，扩张）	经营信心不坚定（打算转行）
			80.0%	0
		移民打算	没有移民打算	有移民打算
			46.7%	20.0%
		新投资意向	投资扩张	无投资
			20.0%	40.0%
		增员计划	8.6%	

消费品榜样企业中，有 20.0% 的老板经营信心不坚定，打算全部或部分售出企业。

他们中，立足本业发展的老板很多，有 80.0% 的老板会专注老本行或者围绕本行扩张。此外，有 46.7% 的老板不打算移民，移民倾向比工业品行业高。

他们的投资扩张意愿较低，仅有 20.0% 的老板打算在 2014 年继续投资。

此外，他们普遍打算在 2014 年增加 8.6% 的员工。

4.3 服务业榜样企业特征

4.3.1 经营健康度

图表 234 服务业榜样企业的经营数据

维度	类别	指标	平均值
经营健康度	收入	营业额增长	21.7%
		人均营业额（万元）	59.1
	利润	税前利润额增长	27.4%
		销售利润率	25.0%
	费用	销售费用营业额占比	16.2%
		直接成本营业额占比	26.4%
		管理费用营业额占比	15.0%
		平均涨薪幅度	7.3%
		全部人工费用增幅	12.7%
		人均人工费用（万元）	5.2
	资金	负债率	12.4%
		借款利率	8.8%
		投资理财利率	9.9%

在收入和利润方面，服务业榜样企业，其营业额增长率为 21.7%，税前利润额增长为 27.4%（这一数字比工业品和消费品行业低至少 30 个百分点），而其销售利润率为 25.0%，高于 10% 的“及格线”。与此同时，它们的人均营业额为 59.1 万元。

在费用方面，服务业榜样企业除直接成本外，其另外两项费用（销售费用、管理费用）分别为营业额的 16.2% 和 15%。此外，企业平均涨薪幅度为 7.3%，人均人工费用为 5.2 万元，其人工费用增幅为 12.7%，基本与消费品行业一致。

在资金方面，服务业榜样企业，其负债率为 12.4%（比工业品行业的 10.0% 及消费品的 8.7% 都低），也低于 50% 的警戒线。而其借款利率为 8.8%（比消费品的 4.7% 高出 3 个百分点），但也远远低于 15% 的“吸毒”线。此外，其投资理财利率是 9.9%，这一数字比工业品的 6.1% 高出近 4 个百分点。

4.3.2 成长潜力

图表 235　服务业榜样企业的成长潜力

维度	类别	指标	平均值
成长潜力	客户	老客户回头率	55.9%
		新客户营业额占比	26.5%
	产品	主导产品市场占有率	19.6%
		新产品营业额占比	10.8%
	技术	研发支出营业额占比	3.7%
		研发、技术人员数量占比	8.8%

在客户方面，服务业榜样企业的老客户回头率为 55.9%，新客户营业额占了 26.5%。

在产品方面，服务业榜样企业的主导产品市场占有率为 19.6%，新产品营业额为 10.8%。

在技术方面，服务业榜样企业的研发支出占到营业额的 3.7%，而其研发技术人员数量占全员的 8.8%，这一数字比消费品行业高出 3 个百分点。

4.3.3 管理成熟度

图表 236　服务业榜样企业的管理状况

<table>
<tr><th>维度</th><th>类别</th><th>指标</th><th colspan="2">平均值</th></tr>
<tr><td rowspan="12">管理成熟度</td><td rowspan="12">管理</td><td rowspan="2">战略、组织调整机制</td><td>定期调整</td><td>无明确调整</td></tr>
<tr><td>18.2%</td><td>18.2%</td></tr>
<tr><td rowspan="2">中高层决策机制</td><td>民主决定</td><td>老板决定</td></tr>
<tr><td>40.9%</td><td>59.1%</td></tr>
<tr><td rowspan="2">精细核算机制</td><td>精细核算，且运行顺畅</td><td>无核算</td></tr>
<tr><td>14.3%</td><td>0</td></tr>
<tr><td rowspan="2">人事考核机制</td><td>清晰的考核晋升机制，且运行顺畅</td><td>无考核</td></tr>
<tr><td>9.1%</td><td>0</td></tr>
<tr><td rowspan="2">经营管理报告制度</td><td>规范的报告制度体系</td><td>无报告制度</td></tr>
<tr><td>27.3%</td><td>4.5%</td></tr>
<tr><td rowspan="2">会议管理制度</td><td>高效会议体系</td><td>无会议体系</td></tr>
<tr><td>19.0%</td><td>4.8%</td></tr>
</table>

在管理方面，服务业榜样企业，定期调整战略和组织结构的、不调整的企业比例，均为 18.2%。

中高层决策机制，基本也是“老板决定”与“民主决定”平分秋色。运行精细化的核算体系的企业占 14.3%。同时，27.3% 的榜样企业有规范的经营管理报告制度。

此外，榜样企业中，会议体系高效运转的企业占 19.0%，根本没有会议体系的占 4.8%。

4.3.4 老板信心

图表 237 服务业榜样企业的老板信心

维度	类别	指标	平均值	
老板信心	老板信心	企业出售打算	经营信心坚定（绝不会售出）	经营信心不坚定（全部售出 + 售出大部分）
			31.8%	36.4%
		转行打算	经营信心坚定（专注老本行 + 立足本行，扩张）	经营信心不坚定（打算转行）
			66.7%	28.6%
		移民打算	没有移民打算	有移民打算
			52.4%	28.6%
		新投资意向	投资扩张	无投资
			63.6%	18.2%
		增员计划	12.4%	

服务业榜样企业中，有 36.4% 的老板经营信心不坚定，打算全部或部分售出企业。

他们中，立足本业发展的老板比转行的老板多，占 66.7%。此外，有 52.4% 的老板不打算移民。

他们的投资扩张意愿较强，有 63.6% 的老板打算在 2014 年继续投资。

此外，他们普遍打算在 2014 年增加 12.4% 的员工。

4.4 专业服务业榜样企业特征

4.4.1 经营健康度

图表 238 专业服务业榜样企业的经营数据

维度	类别	指标	平均值
经营健康度	收入	营业额增长	23.6%
		人均营业额（万元）	48.5
	利润	税前利润额增长	45.3%
		销售利润率	24.4%
	费用	销售费用营业额占比	14.3%
		直接成本营业额占比	31.2%
		管理费用营业额占比	14.7%
		平均涨薪幅度	7.4%
		全部人工费用增幅	20.2%
		人均人工费用（万元）	5.2
	资金	负债率	9.0%
		借款利率	7.8%
		投资理财利率	7.2%

在收入和利润方面，专业服务业榜样企业，其营业额增长率为23.6%，税前利润额增长为45.3%（介于消费品和服务业行业之间），而其销售利润率为24.4%，高于10%的“及格线”。与此同时，它们的人均营业额为48.5万元。

在费用方面，专业服务业榜样企业除直接成本外，其另外两项费用（销售费用、管理费用）分别为营业额的14.3%和14.7%。此外，企业平均涨薪幅度为7.4%，人均人工费用为5.2万元（这一数字与服务业一致），其人工费用增幅为20.2%，这一数字比其他行业都高。

在资金方面，专业服务业榜样企业，其负债率为9.0%，远远低于50%的警戒线。而其借款利率为7.8%（介于消费品和服务业之间）也远远低于15%的“吸毒”线。此外，其投资理财利率是7.2%。

4.4.2 成长潜力

图表 239　专业服务业榜样企业的成长潜力

维度	类别	指标	平均值
成长潜力	客户	老客户回头率	50.2%
		新客户营业额占比	28.3%
	产品	主导产品市场占有率	16.2%
		新产品营业额占比	19.3%
	技术	研发支出营业额占比	4.0%
		研发、技术人员数量占比	12.6%

在客户方面，专业服务业榜样企业的老客户回头率为 50.2%，新客户营业额占了 28.3%。

在产品方面，专业服务业榜样企业的主导产品市场占有率为 16.2%，新产品营业额为 19.3%。

在技术方面，专业服务业榜样企业的研发支出占到营业额的 4.0%，而其研发技术人员数量占全员的 12.6%，这一数字与工业品行业持平。

4.4.3 管理成熟度

图表 240 专业服务业榜样企业的管理状况

<table>
<tr><th>维度</th><th>类别</th><th>指标</th><th colspan="2">平均值</th></tr>
<tr><td rowspan="12">管理成熟度</td><td rowspan="12">管理</td><td rowspan="2">战略、组织调整机制</td><td>定期调整</td><td>无明确调整</td></tr>
<tr><td>6.5%</td><td>25.8%</td></tr>
<tr><td rowspan="2">中高层决策机制</td><td>民主决定</td><td>老板决定</td></tr>
<tr><td>32.3%</td><td>67.7%</td></tr>
<tr><td rowspan="2">精细核算机制</td><td>精细核算，且运行顺畅</td><td>无核算</td></tr>
<tr><td>9.7%</td><td>3.2%</td></tr>
<tr><td rowspan="2">人事考核机制</td><td>清晰的考核晋升机制，且运行顺畅</td><td>无考核</td></tr>
<tr><td>6.5%</td><td>19.4%</td></tr>
<tr><td rowspan="2">经营管理报告制度</td><td>规范的报告制度体系</td><td>无报告制度</td></tr>
<tr><td>35.5%</td><td>12.9%</td></tr>
<tr><td rowspan="2">会议管理制度</td><td>高效会议体系</td><td>无会议体系</td></tr>
<tr><td>32.3%</td><td>16.1%</td></tr>
</table>

在管理方面，专业服务业榜样企业定期调整战略和组织结构的占6.5%，无明确调整的企业占25.8%。

中高层决策机制上，该行业也是以“老板决定”为主，有67.7%的企业这样做。而运行精细化的核算体系的企业占了9.7%。同时，35.5%的榜样企业有规范的经营管理报告制度。

此外，榜样企业中，会议体系高效运转的企业占32.3%，根本没有会议体系的占16.1%。

4.4.4 老板信心

图表 241　专业服务业榜样企业的老板信心

维度	类别	指标	平均值	
老板信心	老板信心	企业出售打算	经营信心坚定（绝不会售出）	经营信心不坚定（全部售出 + 售出大部分）
			19.4%	12.9%
		转行打算	经营信心坚定（专注老本行 + 立足本行，扩张）	经营信心不坚定（打算转行）
			74.2%	25.8%
		移民打算	没有移民打算	有移民打算
			54.8%	29.0%
		新投资意向	投资扩张	无投资
			61.3%	19.4%
		增员计划	19.7%	

专业服务业榜样企业中，有 12.9% 的老板经营信心不坚定，打算全部或部分售出企业。

他们中，立足本业发展的老板比转行的老板多，占 74.2%。此外，有 54.8% 的老板不打算移民。

他们的投资扩张意愿较强，有 61.3% 的老板打算在 2014 年继续投资。

此外，他们普遍打算在 2014 年增加 19.7% 的员工，进一步抢夺专业人才。

4.5 贸易行业榜样企业特征

4.5.1 经营健康度

图表 242 贸易行业榜样企业的经营数据

维度	类别	指标	平均值
经营健康度	收入	营业额增长	24.6%
		人均营业额（万元）	133.9
	利润	税前利润额增长	16.8%
		销售利润率	24.4%
	费用	销售费用营业额占比	17.9%
		直接成本营业额占比	45.4%
		管理费用营业额占比	10.9%
		平均涨薪幅度	6.8%
		全部人工费用增幅	16.6%
		人均人工费用（万元）	5.3
	资金	负债率	14.3%
		借款利率	6.4%
		投资理财利率	4.6%

在收入和利润方面，贸易行业榜样企业，其营业额增长率为 24.6%，税前利润额增长为 16.8%（这一数字比其他行业都低），而其销售利润率为 24.4%，与其他行业持平。与此同时，它们的人均营业额为 133.9 万元，为各行业最高。

在费用方面，贸易行业榜样企业除直接成本外，其另外两项费用（销售费用、管理费用）分别为营业额的 17.9% 和 10.9%。此外，企业平均涨薪幅度为 6.8%，人均人工费用为 5.3 万元，其人工费用增幅为 16.6%。

在资金方面，贸易行业榜样企业，其负债率为 14.3%（比工业品行业的 10.0%、消费品行业的 8.7% 都高），但也低于 50% 的警戒线。而其借款利率为 6.4%，比消费品的 4.7% 高将近 2 个百分点。此外，其投资理财利率是 4.6%，这一数字并不比其他行业高。

4.5.2 成长潜力

图表 243　贸易行业榜样企业的成长潜力

维度	类别	指标	平均值
成长潜力	客户	老客户回头率	64.6%
		新客户营业额占比	25.2%
	产品	主导产品市场占有率	28.1%
		新产品营业额占比	15.7%
	技术	研发支出营业额占比	2.6%
		研发、技术人员数量占比	5.9%

在客户方面，贸易行业榜样企业的老客户回头率为 64.6%，仅次于加工定制业的 68.3%，新客户营业额占了 25.2%。

在产品方面，贸易行业榜样企业的主导产品市场占有率为 28.1%，新产品营业额为 15.7%。

在技术方面，贸易行业榜样企业的研发支出占到营业额的 2.6%，而其研发技术人员数量占全员的 5.9%，这一数字与消费品行业差不多。

4.5.3 管理成熟度

图表 244 贸易行业榜样企业的管理状况

维度	类别	指标	平均值	
管理成熟度	管理	战略、组织调整机制	定期调整	无明确调整
			14.3%	28.6%
		中高层决策机制	民主决定	老板决定
			42.9%	57.1%
		精细核算机制	精细核算，且运行顺畅	无核算
			0	7.9%
		人事考核机制	清晰的考核晋升机制，且运行顺畅	无考核
			14.3%	7.1%
		经营管理报告制度	规范的报告制度体系	无报告制度
			35.7%	21.4%
		会议管理制度	高效会议体系	无会议体系
			14.3%	14.3%

在管理方面，贸易行业榜样企业定期调整战略和组织结构的占 14.3%，无明确调整的企业占 28.6%。

中高层决策机制，基本也是“老板决定”与“民主决定”平分秋色。该行业精细化核算运行较差，7.9% 的企业都不做经营核算。同时，35.7% 的榜样企业有规范的经营管理报告制度。

此外，榜样企业中，会议体系高效运转的企业占 14.3%；根本没有会议体系的占 14.3%。

4.5.4 老板信心

图表 245　贸易行业榜样企业的老板信心

维度	类别	指标	平均值	
老板信心	老板信心	企业出售打算	经营信心坚定（绝不会售出）	经营信心不坚定（全部售出 + 售出大部分）
			7.1%	35.7%
		转行打算	经营信心坚定（专注老本行 + 立足本行，扩张）	经营信心不坚定（打算转行）
			85.7%	14.3%
		移民打算	没有移民打算	有移民打算
			64.3%	14.3%
		新投资意向	投资扩张	无投资
			78.6%	7.1%
		增员计划	11.6%	

贸易行业榜样企业中，有 35.7% 的老板经营信心不坚定，打算全部或部分售出企业。

他们中，立足本业发展的老板比转行的老板多，占 85.7%。此外，有 64.3% 的老板不打算移民。

他们的投资扩张意愿较强，有 78.6% 的老板打算在 2014 年继续投资。

此外，他们普遍打算在 2014 年增加 11.6% 的员工，这一数字与各行业持平。

4.6 原材料榜样企业特征

本次调查中，原材料榜样企业数量较少，数据不具代表性，仅供参考。

4.6.1 经营健康度

图表 246　原材料榜样企业的经营数据

维度	类别	指标	平均值
经营健康度	收入	营业额增长	16.3%
		人均营业额（万元）	58.8
	利润	税前利润额增长	57.8%
		销售利润率	24.3%
	费用	销售费用营业额占比	10.9%
		直接成本营业额占比	34.4%
		管理费用营业额占比	13.9%
		平均涨薪幅度	6.6%
		全部人工费用增幅	11.6%
		人均人工费用（万元）	5.3
	资金	负债率	19.4%
		借款利率	5.6%
		投资理财利率	5.0%

在收入和利润方面，原材料榜样企业，其营业额增长率为 16.3%，各行业最低，税前利润额增长为 57.8%（这一数字，跟其他企业相差不大），而其销售利润率为 24.3%，高于 10% 的“及格线”。与此同时，它们的人均营业额为 58.8 万元。

在费用方面，原材料榜样企业除直接成本外，其另外两项费用（销售费用、管理费用）分别为营业额的 10.9% 和 13.9%。此外，企业平均涨薪幅度为 6.6%，人均人工费用为 5.3 万元，其人工费用增幅为 11.6%，这一数字，并不比其他行业低。

在资金方面，原材料榜样企业，其负债率为 19.4%，为各行业负债率最高的。而其借款利率为 5.6%，也远远低于 15% 的“吸毒”线。此外，其投资理财利率是 5%。

4.6.2 成长潜力

图表 247 原材料榜样企业的成长潜力

维度	类别	指标	平均值
成长潜力	客户	老客户回头率	37.5%
		新客户营业额占比	15.9%
	产品	主导产品市场占有率	34.6%
		新产品营业额占比	24.3%
	技术	研发支出营业额占比	8.6%
		研发、技术人员数量占比	13.1%

在客户方面，原材料榜样企业的老客户回头率为37.5%，为各行业最高，新客户营业额占了15.9%。

在产品方面，原材料榜样企业的主导产品市场占有率为34.6%，为各行业最高。新产品营业额为24.3%。

在技术方面，原材料榜样企业的研发支出占到营业额的8.6%，而其研发技术人员数量占全员的13.1%，这一数字为各行业最高。

4.6.3 管理成熟度

图表 248 原材料榜样企业的管理状况

维度	类别	指标	平均值	
管理成熟度	管理	战略、组织调整机制	定期调整	无明确调整
			12.5%	0
		中高层决策机制	民主决定	老板决定
			12.5%	87.5%
		精细核算机制	精细核算，且运行顺畅	无核算
			14.3%	14.3%
		人事考核机制	清晰的考核晋升机制，且运行顺畅	无考核
			12.5%	12.5%
		经营管理报告制度	规范的报告制度体系	无报告制度
			37.5%	12.5%
		会议管理制度	高效会议体系	无会议体系
			12.5%	25.0%

在管理方面，原材料榜样企业，定期调整战略和组织结构的占 12.5%，没有不做调整的企业。

中高层决策机制中，“老板决定”远远比“民主决定”高。运行精细化核算体系的企业占 14.3%。同时，37.5% 的榜样企业有规范的经营管理报告制度。

此外，榜样企业中，会议体系高效运转的企业占 12.5%，没有会议体系的占 25.0%。

4.6.4 老板信心

图表 249　原材料榜样企业的老板信心

<table>
<tr><th>维度</th><th>类别</th><th>指标</th><th colspan="2">平均值</th></tr>
<tr><td rowspan="9">老板信心</td><td rowspan="9">老板信心</td><td rowspan="2">企业出售打算</td><td>经营信心坚定（绝不会售出）</td><td>经营信心不坚定（全部售出 + 售出大部分）</td></tr>
<tr><td>37.5%</td><td>37.5%</td></tr>
<tr><td rowspan="2">转行打算</td><td>经营信心坚定（专注老本行 + 立足本行，扩张）</td><td>经营信心不坚定（打算转行）</td></tr>
<tr><td>62.5%</td><td>25.0%</td></tr>
<tr><td rowspan="2">移民打算</td><td>没有移民打算</td><td>有移民打算</td></tr>
<tr><td>57.1%</td><td>14.3%</td></tr>
<tr><td rowspan="2">新投资意向</td><td>投资扩张</td><td>无投资</td></tr>
<tr><td>50.0%</td><td>50.0%</td></tr>
<tr><td>增员计划</td><td colspan="2">10.5%</td></tr>
</table>

原材料榜样企业中，有 37.5% 的老板经营信心不坚定，打算全部或部分售出企业。

他们中，立足本业发展的老板比转行的老板多，占 62.5%。此外，有 57.1% 的老板不打算移民。

他们的投资扩张意愿各占一半，有 50.0% 的老板打算在 2014 年继续投资，也有 50.0% 的老板不打算投资。

此外，他们普遍打算在 2014 年增加 10.5% 的员工，与各行业相差不大。

4.7 加工定制业榜样企业特征

本次调查中，加工定制业榜样企业数量较少，数据不具代表性，仅供参考。

4.7.1 经营健康度

图表 250　加工定制业榜样企业的经营数据

维度	类别	指标	平均值
经营健康度	收入	营业额增长	24.2%
		人均营业额（万元）	58.3
	利润	税前利润额增长	90.0%
		销售利润率	24.0%
	费用	销售费用营业额占比	4.3%
		直接成本营业额占比	33.3%
		管理费用营业额占比	14.7%
		平均涨薪幅度	9.5%
		全部人工费用增幅	18.3%
		人均人工费用（万元）	6.7
	资金	负债率	1.7%
		借款利率	2.5%
		投资理财利率	10.0%

在收入和利润方面，加工定制业榜样企业，其营业额增长率为 24.2%，税前利润额增长为 90.0%（这一数字远远高于其他行业），而其销售利润率为 24.0%，与其他行业持平。与此同时，它们的人均营业额为 58.3 万元，与其他行业相差不大。

在费用方面，加工定制业榜样企业除直接成本外，其另外两项费用（销售费用、管理费用）分别为营业额的 4.3% 和 14.7%。此外，企业平均涨薪幅度为 9.5%，人均人工费用为 6.7 万元，其人工费用增幅为 18.3%，为各行业最高。

在资金方面，加工定制业榜样企业，其负债率仅为 1.7%，远远低于 50% 的警戒线，而其借款利率为 2.5%。此外，其投资理财利率是 10.0%，这一数字比其他行业都高。

4.7.2 成长潜力

图表 251　加工定制业榜样企业的成长潜力

维度	类别	指标	平均值
成长潜力	客户	老客户回头率	68.3%
		新客户营业额占比	19.3%
	产品	主导产品市场占有率	26.7%
		新产品营业额占比	20.3%
	技术	研发支出营业额占比	6.2%
		研发、技术人员数量占比	10.3%

在客户方面，加工定制业榜样企业的老客户回头率为 68.3%，为各行业最高，新客户营业额占了 19.3%。

在产品方面，加工定制业榜样企业的主导产品市场占有率为 26.7%，新产品营业额为 20.3%。

在技术方面，加工定制业榜样企业的研发支出可占到营业额的 6.2%，而其研发技术人员数量占全员的 10.3%，这一数字为各行业最高。

4.7.3 管理成熟度

图表 252 加工定制业榜样企业的管理状况

维度	类别	指标	平均值	
管理成熟度	管理	战略、组织调整机制	定期调整	无明确调整
			33.3%	0
		中高层决策机制	民主决定	老板决定
			66.7%	33.3%
		精细核算机制	精细核算，且运行顺畅	无核算
			33.3%	5.4%
		人事考核机制	清晰的考核晋升机制，且运行顺畅	无考核
			33.3%	8.0%
		经营管理报告制度	规范的报告制度体系	无报告制度
			66.7%	0
		会议管理制度	高效会议体系	无会议体系
			66.7%	33.3%

在管理方面，加工定制业榜样企业，定期调整战略和组织结构的占 33.3%，为各行业最高，不调整的企业为零。

中高层决策机制上，“民主决定”（66.7%）远远高于“老板决定”（33.3%），几乎是“老板决定”的一倍。运行精细化的核算体系的企业，高达 33.3%。同时，66.7% 的榜样企业有规范的经营管理报告制度。

此外，榜样企业中，会议体系高效运转的企业很多，占 66.7%，没有会议体系的占 33.3%。

4.7.4 老板信心

图表 253　加工定制业榜样企业的老板信心

维度	类别	指标	平均值	
老板信心	老板信心	企业出售打算	经营信心坚定（绝不会售出）	经营信心不坚定（全部售出 + 售出大部分）
			0	66.7%
		转行打算	经营信心坚定（专注老本行 + 立足本行，扩张）	经营信心不坚定（打算转行）
			100.0%	0
		移民打算	没有移民打算	有移民打算
			0	33.3%
		新投资意向	投资扩张	无投资
			66.7%	0
		增员计划	14.2%	

加工定制业榜样企业中，老板坚守企业的信心很不坚定，打算全部或部分售出企业的老板占 66.7%。

他们中，立足本业发展的意愿更强，占 100%。此外，他们的移民倾向也更高，有 33.3% 的老板打算移民。

他们的投资扩张意愿仍然较强，有 66.7% 的老板打算在 2014 年继续投资。

此外，他们普遍打算在 2014 年增加 14.2% 的员工，这一数字仅低于专业服务业。

I. 附　件

1 调查说明

为了准确了解国内中小企业的生存环境和成长状况，易中公司从 2012 年开始发起了每年一度的“中小企业经营管理状况调查”活动，旨在构建反映中小企业生存状况的“晴雨表”系统，为您企业的未来经营和管理提供可靠、实用、系统的数据和信息。

本次调查问卷设计有如下特点：

- 保持问卷连续性：本次问卷的部分问题与前两届保持一致，以便我们能够横向比较并发现趋势变化。
- 问卷有坚实的理论支撑：本次问卷设计引入了易中经营管理方法论——CEO Management System，以及易中企业好坏“九段”划分，重构了问卷结构，增加了若干经营管理诊断指标，构建了企业经营管理关键指标体系。
- 问卷经过了实践派检验：邀请了近 100 位老板亲自参与问卷制作，使问题更能透析经营难题。经营管理诊断指标经过了企业咨询、培训辅导实践检验，使指标更能提供决策依据。

经过重新设计的问卷包括企业经营相关的六大类，共 64 题：

- 企业生存环境；
- 企业经营健康度；
- 企业成长潜力；
- 企业管理成熟度；
- 老板心理与信心；
- 基本信息。

本次调查于 2014 年 3 月初进行了问卷试答，在经过检验并对问卷修改后于 2014 年 3 月 10 日至 4 月 30 日进行了正式调查。调查方式为在线调查、电子邮件调查及面谈等方式结合。共有 1023 家企业参加了本次调查，其中有效问卷为 710 份。

2 受访企业概况

2.1 行业

图表 254　本次调查的企业均衡覆盖七大行业

问：贵企业的所属行业是什么？

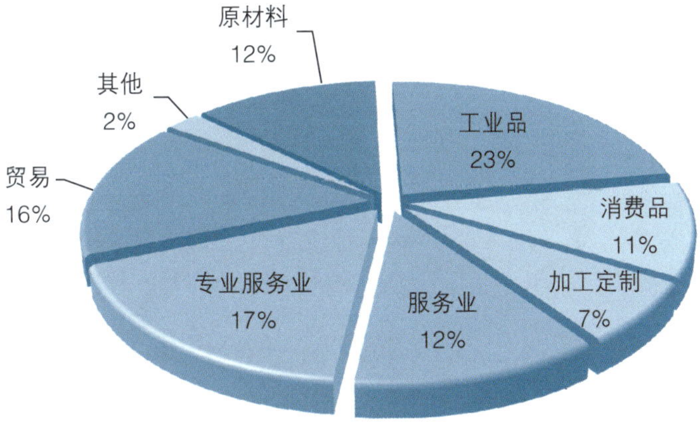

2014 年的调查能够很好地代表中小企业，除加工定制企业数量较少外，7 个行业所占比例较为平衡，为 10%~25%。七大行业中的具体细分行业，请见图表 255。

图表 255　行业细分

分类	细分
原材料	包括冶金矿产、橡胶、精细化学品、化工、纺织、农业、建材、能源等
工业品	包括通用机械、行业设备、五金工具、电工电器、电子元器件、仪器仪表、汽摩、安防、照明、环保、医药医疗器械等
消费品	包括快速消费品、服装服饰、家具等
加工定制	包括机加工、电子加工、印刷、模具、包装等
服务业	包括餐饮、酒店、文体娱乐、交通运输、仓储物流、居民服务等
专业服务业	包括 IT、金融、商务服务（咨询、法律服务、广告）、教育等
贸易	包括批发、零售等
其他	其他

2.2 地区

图表 256　本次调查的企业覆盖八大经济区

问：贵企业的所在城市是哪里？

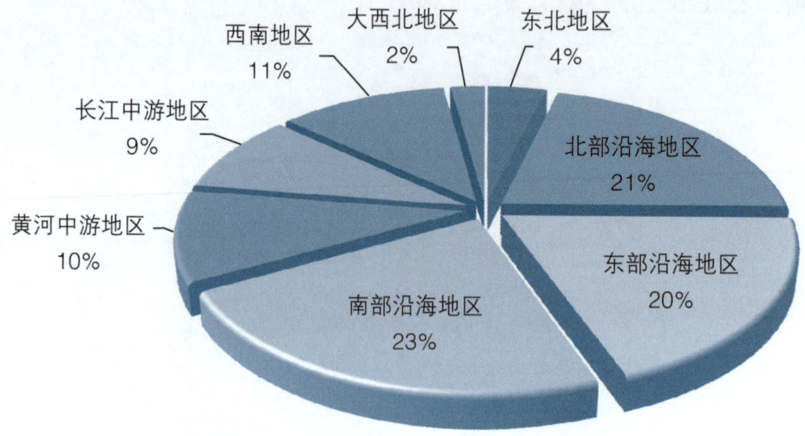

全国八大经济区的中小企业均有覆盖，其中，南部沿海、北部沿海和东部沿海三个地区的样本量较高，占比 20% 以上，东北地区和大西北地区的样本量相对较少，分别有 27 和 16 家企业，按地区的统计分析中这两大地区的相关数据和结论仅供参考。

八大经济区包括：

- 东北地区：包括辽宁、吉林、黑龙江；
- 北部沿海地区：包括北京、天津、河北、山东；
- 东部沿海地区：包括上海、江苏、浙江；
- 南部沿海地区：包括福建、广东、海南；
- 黄河中游地区：包括陕西、山西、河南、内蒙古；
- 长江中游地区：包括湖北、湖南、江西、安徽；
- 西南地区：包括云南、贵州、四川、重庆、广西；
- 大西北地区：包括甘肃、青海、宁夏、西藏、新疆。

2.3 企业收入

图表 257 本次调查的企业营业规模主要分布在 5000 万元以下

问：贵企业的年营业额（元）是多少?

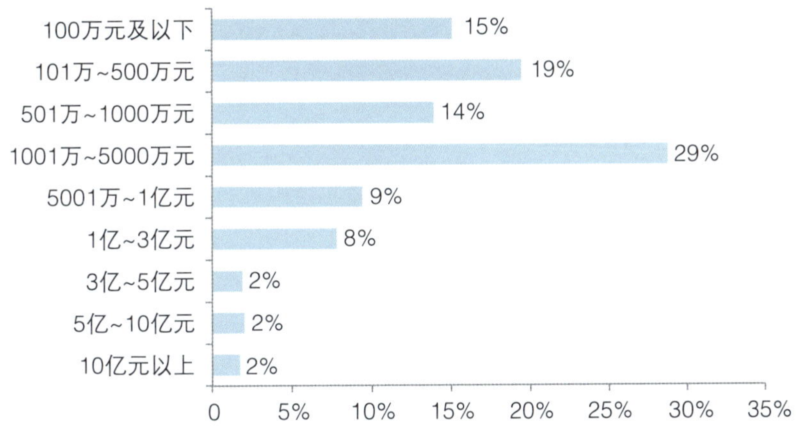

从收入和员工人数来看，根据《中小企业划型标准规定》（工信部联企业〔2011〕300 号），调查样本中，中型、小型企业占比达到 100%。

就收入而言，我们分别增加了低收入企业和高收入企业的比例，使得每个档次的受访企业数量更趋均衡。年收入在 100 万元以下的受访企业比例从 2013 年的 7% 增加到 15%；年收入超过 1 亿元的受访企业则从 2013 年的 12% 增加到 14%。

2.4 企业人数

图表 258 本次调查的企业员工规模主要分布在 300 人以下

问：贵企业的员工人数是多少？

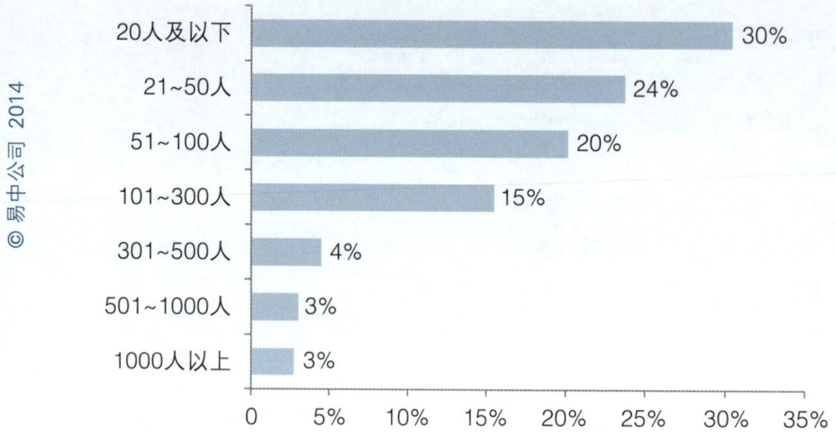

从企业的员工数量上看，本次调查的企业员工数量主要分布在 300 人以下，其中 100 人以下的企业均有 20% 以上的企业数量分布。有 45% 的受访企业员工人数超过 50 人，其中，10% 的受访企业员工人数超过 300 人，这一调查结果与去年基本一致。

2.5 企业年限

图表 259　本次调查以 3 年以上企业为主，各个发展阶段的企业均衡覆盖

问：贵企业的成立的年限是多少？

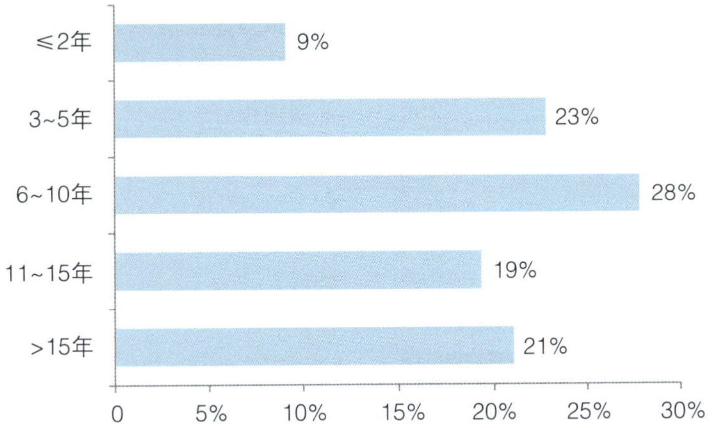

从企业成立年限上看，2014 年的调查企业年限分布，与 2013 年基本一致，各个年限上下不超过 2 个百分点。2014 年的调查以 3 年以上的中小企业为主，各个年限企业均衡覆盖。

此外，企业年限与员工人数和营业额之间没有必然联系：在经营时间超过 10 年的企业中，有 58% 的企业员工人数不足 100 人，有 59% 的企业年营业额不足 5000 万元。

J. 索 引

参调企业状况索引

经营管理状况索引

指标及标准索引

各地区企业经营管理状索引

各行业企业经营管理状况索引

各行业指标标准索引

易中的理想

尊敬的朋友，我是易中公司创始人之一的宋新宇。在这儿回答易中客户经常问到的几个问题：

1. 为什么叫易中？

“易”有三层意思：不变之易，变易之易，容易之易。而“中”的意思可以是“中国”，可以是“中道”，可以是“中心”。我们理解易中的含义是：

坚守一些不变的原则：例如我们提出的“和客户结婚”的理念。

提供中国成长型企业容易理解和接受的管理知识，管理信息和管理服务。

用管理培训和管理教育一点一滴改变浮躁及不专业的中国企业的经营与管理。

2. 易中是做什么的？

经过14年不断探索自己使命，我们终于清楚：易中是中小企业、成长型企业及其员工终生的伙伴，易中存在的目的是使他们的管理更加专业、更加有效。

为了实现这个目的，推出适合客户的产品和服务，从《管理培训》课程，到《管理教程》，5分钟管理口袋书《易友》，现在，为老板创造的《老板顾问》。未来，还会创造出更多更好的服务于中小企业、成长型企业的产品与服务，让天下没有难做的管理！

3. 易中的理想是什么？

易中的理想是帮助中小企业、成长型企业的老板，管理人员，人事经理，财务经理，销售经理，生产经理，采购经理，技术经理等，提高他们个人及其企业的专业管理水平。

易中的理想不是赚这些人及这些企业一次钱，而是赚他们一辈子钱。易中的理想不是赚大钱，也不是不赚钱，而是像冯仑先生所说，在做事的同时顺便赚钱。

易中的理想是用赚到的钱回馈员工，成为业内受尊敬的公司。易中的理想是用赚到的钱做研发，创造好的产品，为客户提供好的服务。

易中的理想是实现客户、员工和公司的三赢。

公司历程

- 易中公司成立于1999年5月，是中国唯一专注于为中小企业、成长型企业提供全方位、各层面培训解决方案的管理培训、管理资讯提供商。
- 公司始终秉承“实用、简单、系统”的原则，自主开发管理培训产品和提供管理相关专业服务。
- 自2001年开始，持续在全国范围内组织管理者培训，提供大量管理公开课，进行企业内训及举办管理年会，累计培训管理者10万人次。
- 2002年开始，创造性地采用“四周免费试看”模式，推广实用的易中管理培训教程及其他管理培训产品，累计受益客户近100万。
- 2005年开始策划发行管理文摘杂志《易友》，发行量近15万，读者50万～60万。
- 2009年推出国内首个全面、系统帮助老板总经理解决企业问题的《老板顾问》服务，帮助了超过1万个成长型企业的老板及总经理。
- 2011年，易中公司与Haufe（浩富）集团（德国最大的管理培训和管理资讯提供商）结成业务伙伴，在管理培训、管理资讯解决方案、后台技术及管理经验分享上全方位合作。
- 易中始终相信诚实、互利、信守诺言是一个企业长久成功的基础，并通过不断的努力赢得了近100万企业家和管理者的认可。
- 易中公司承诺将不断进取，以成为中国中小企业、成长型企业“终生的管理伙伴”。

读 者 反 馈

感谢您阅读《2014 中小企业调查报告》！请您用 10 分钟来填写这份反馈表，留下您的意见和建议，使本调查报告能为您的企业经营提供切实的帮助。

您也可以登录 http://url.cn/Mn4BHg 或扫描右侧二维码，在线填写。

1. 您是在什么地方第一次见到或知道本报告的？

□邮寄 □网上书店，名称：______ □书店 □图书馆 □朋友推荐

□朋友 / 同事的书桌 □其他__________________

2. 本报告中，您认为哪些内容最有价值？

□生存环境 □经营健康度 □成长潜力 □管理成熟度

□老板心理和信心状况 □ 30 项关键指标 □指标标准

□榜样企业指标标准 □其他__________________

3. 除报告中调查的内容外，您还想知道中小企业哪些方面的经营管理状况？

____

____

4. 除报告中提炼的 30 项关键指标，您认为企业经营管理还有哪些需重点关注的指标？

____

____

5. 您在阅读本报告时，遇到了哪些障碍或困难？

____

____

6. 您对本调查报告还有哪些改进建议（如报告内容、报告解读、报告封面、报告版式等）？

____

____

7. 您是否愿意向您的朋友推荐本调查报告？

（10 分为完全愿意，“1 分”为完全不愿意，数字越大代表越愿意推荐）

□ 10 分 □ 9 分 □ 8 分 □ 7 分 □ 6 分 □ 5 分 □ 4 分 □ 3 分 □ 2 分 □ 1 分

您的个人资料

姓 名：__________ 职位：____________ 电 话：______________

企业名称：________________________ 电子邮箱：______________

联系地址：____

本表填完后，请寄至：

北京市海淀区花园东路 11 号泰兴大厦 3 层，易中公司调查报告研究部收，邮编 100191

请您关注易中公司官方微信（微信号：izhongpx）